最高の愛

スワーミー・ヴィヴェーカーナンダ

日本ヴェーダーンタ協会

スワーミー・ヴィヴェーカーナンダ生誕 150 周年記念出版

Swami Vivekananda 150th Birth Anniversary Commemoration Publication

出版者の言葉

本書には、スワーミー・ヴィヴェーカーナンダがイギリスとアメリカで行った信仰心についての講和が収められています。当協会は既に、バクティ・ヨーガを出版していますが、本書は、主題は共通ですが、内容の扱い方が異なるものです。本書では内容がさらに深く追求されながらもよりわかりやすいものとなっています。

このスワーミー・ヴィヴェーカーナンダによる研究論文が霊性を求めるすべての人たちに、特に信仰の道を歩む人びとに歓迎されることを願います。

スワーミー・ヴィヴェーカーナンダの生誕一五〇周年祝賀会における本書の出版のために、翻訳、校正、カバーデザインやレイアウトの労を担《にな》って下さった協会の信者の皆様方すべてに感謝いたします。

目次

凡例

※（　）の文字は、基本的にその前にくる言葉の簡潔な訳注や説明。例　プラーナ（気息）

スワーミー・ヴィヴェーカーナンダ

第一章　予備訓練

バクティ・ヨーガの最善の定義はたぶんプララーダによって与えられた次のものだろう。すなわち、「識別力のない者が、はかない感覚の対象に対してつねに抱いているあの愛、それと同じ種類の愛を、あなた（主）に対して持つことができますように、あなたを想うときに感じる喜びが私のハート（感じる心）から消えうせませんように」（ヴィシュヌ・プラーナ、一・二〇・一九）というものだ。より良いものを知らない者たちが、感覚の対象、金銭、衣服、妻子、友人、所有物などに対してどんなに強い愛を持っているか、どんなに強く執着しているかを、われわれは知っている。だから、この定義の中で賢者は言っているのだ、「この執着、この強い執着を、あなたに対してだけ持とう」と言っているのだ。この愛が神に向けられたとき、それをバクティと呼ぶ。バクティはこわれない。それは、私たちに与えられた能力に、ひとつとして無駄なものはない、それらの中に、解脱にいたる自然な道が見いだされるのだ、と説く。バクティは何ものをも抑制しない。それは自然に反することはしない。ただ、それに、より高い、より力に満ちた方向を与えるだけである。なんと自然に、私たちは感覚対象を愛することか、また、私たちはそうせざるを得ないのだ。それらが私たちにとって非常にリアルであるからだ。私たちは、通常は、より高いものには現実感を持たない。しかし、人がこれらの感覚の彼方に、感覚世界の彼方に、リアルな何ものかを見たときには、彼は、同じ執着を持ち続けるが、しかし、それをこの感覚を超えた対象、つまり、神に向けるようになる、という意味である。そして、かつては感覚対象に向けられていた同じ愛が神に向けられたとき、それがバクティと呼ばれるのだ。賢者ラーマーヌジャによると、この強い愛を得るための準備段階は次のようなものである。

第一はヴィヴェーカ。そしてそれは、特に西洋の人びとには、非常に奇妙なものである。ラーマーヌジャによると、これは「食物についての識別」なのである。食物は、その中に私たちの心身の力を作り上げる全エネルギーを含んでいる。私の現在あるすべては私が食べた食物のかたまりの中にあった。それは私の中に取り入れられ、蓄えられ、私の中で新しい方向が与えられたのだが、しかし本質的には、私の心身は、私が食べた物と異なるものではない。物質世界には力と物質があり、この力と物質が、私たちの中で心と身体になっているのだから、心身と食物とのちがいは本質的には現れ方のちがいに過ぎないのだ。食物という物質の粒子から私たちは思いの道具をつくり、これらの粒子の中にやどる精妙な力から思いそのものをつくる、というのであれば当然、この思いとその道具は、私たちが摂る食物から影響を受けることになる。心にある種の変化をもたらす食物がある。私たちはそれを毎日はっきりと見ている。また、まず身体に変化をもたらし長い間には心に大きな影響を与える、というものもある。それは、学ぶべき大切なことである。私たちが被る悲惨の多くは、単に、私たちが摂る食物によって引き起こされているのだ。重い消化され難い食事の後では、心を統御することが非常に難しいということはご存じだろう。心は絶えず走り、走っているのだ。また、ある種の興奮させる食物がある。このような食物を摂ると、心が統御できなくなることに気づかれるはずだ。多量のワインや、その他のアルコール性の飲み物を飲んだ後には、人が自分の心を統御することができなくなるのは当り前のことだ。おさえても逃げてしまうのだ。

ラーマーヌジャによると、避けなければならない三種類の食物がある。まず、ジャティ、すなわち、食物の性質、または、種類。すべての興奮性の食物はさけるべきだ。例えば、肉、これはもともと不浄なものだから避けなければならない。他者の生命を奪ってしか得られないからだ。私たちはそれを食べて瞬間的に快楽を感じる。しかし、その快楽を得るためには他の生きものが生命を失わなければならない。そればかりでなく、私たちは同時に他の人びとを堕落させることになる。肉を食べる人が自分で動物を殺すなら、むしろましだろう。しかし、そうする代わりに、社会はそれを職業とする階級をつくり、それを理由に彼らを嫌っている。私はこの国の法律は知らない。しかし、イギリスでは屠殺人は陪審員になれない。生まれつき残忍だというのが理由だ。誰が彼らを残忍にしたのか。社会だ。もし我々が牛肉やマトンを食べなかったら、彼らは屠殺人にはならなかったであろう。肉食は、非常にはげしい仕事をする人、バクタになろうとはしない人びとだけに許される。しかし、もしあなたがバクタになろうとするなら、肉類や、タマネギやニンニクのような刺激の強いもの、「ザウエルクラウト」(ドイツの漬物の名前)のように悪臭のするものは避けなければならない。日が経って腐りかけたもの、もともとあったジュースが乾きかけたもの、悪臭のするものも避けなければならない。

食物について、次の項目は西洋人には、ますます複雑に思われることだろう。それはアーシュラヤ、つまり、それを用意した人、と呼ばれるものだ。これは、ヒンドゥの神秘的理論と言ってよかろう。その考え方は、人はみな、その周囲にある種のオーラを漂わせていて、彼が触れる物は何であれ、彼の性格の一部、いわば、彼の影響をその物の上に残す、というものだ。それぞれの人から体臭が出るように、性格も彼から発散されていて、彼が触れる物はそれを受けるのだ。したがって、私たちは、食物が調理されるとき誰がそれに触れるか、に気を配らなければならない。邪悪な、不道徳な人はそれに触れてはならないのだ。バクタになりたいと願う人は邪悪だということを知っている人とともに食事をしてはならない。彼らの影響が食物を通じてもたらされるからである。

次はニミッタである。これは非常に理解しやすい。汚れやほこりなどは食物の中に入ってはならない。食物を、外界の汚れや、塵などをつけたまま、市場から持って来て、洗わないまま食卓の上に置いてはならない。又、唾やその他の、口から出る分泌物のついた物に触れてはならない。唇を触れる習慣や、唾の付いた物に触れる習慣は、私が経験したうちで最も恐ろしいものだ。神は洗うための水を十分に与えていて下さるのに――。粘膜は身体の中で最も繊細な部分だ。あらゆる影響は唾を通じて非常に容易に運ばれる。したがって、粘膜の接触は、不快であるばかりでなく、危険でもある。したがって、ほかの人が食べかけた食物、つまり、誰かがりんごを半分かじって、残りを他人に与えたような場合、それを食べてはならない。今述べたようなことを避けた場合、その食物は浄い《きよ》。「浄い食物は浄い心をもたらし、浄い心は絶えず神を覚えている」（チャンドーギヤ・ウパニシャド、七・二六）

さて、同じことを他の注釈者シャンカラーチャーリヤが説明しているが、それを話そう。彼はまったく別の見解を持っている。食物に該当するサンスクリット、アーハーラは「集めること」を意味する語幹から出ており、したがって、それは、集められたものを意味する。彼の説明はどうか。彼は「食物が浮ければ、心は浄くなる」と言っている。つまり、感覚に執着しないためには、ある種のことを避けなければならないということだ。まず、執着についてだが、神を除いて、何ものにも極度に執着してはならない。何ものを見ても良い、何をしても良い、何に触れても良い。しかし、それに執着してはならない。極端な執着が生じると、人は自分自身を見失ってしまう。彼はもう自分の主人ではない。奴隷だ。女が一人の男に極端に執着したとする。彼女はもうその男の奴隷だ。男の場合も同じである。奴隷になることに益はない。この世にはひとりの人間の奴隷になるより優れたことがある。すべての人を愛せよ、すべての人に尽くせ。しかし、奴隷にはなるな。それは、まず、私たちをそれぞれに堕落させる。つぎに、私たちを極端に利己的にする。その結果、私たちは自分が愛する人に善を行うために他者を傷つけようとする。この世界でなされる悪の大部分は、実は、特定の人びとに対する執着からなされるのだ。良い仕事に対する執着を除いて、この種の執着は避けなければならない。そして、愛はすべての人に与えられなければならない。次は、嫉妬についてだ。感覚の対象に対して、嫉妬を持ってはならない。嫉妬はすべての悪の根源であり、しかも、最も克服しがたいものだ。次は妄想だ。私たちはいつも、あるものを別のものと取り違え、それに対して働きかけている。そして、その結果、自分で自分を惨めなものにしている。私たちは悪を善と取り違えている。神経をちょっとくすぐるものを最高の善だと思い込み、じきにその中にとびこんでしまうが、それは私たちに手痛い打撃を与える。だが、もうおそすぎる。私たちは毎日この過ちを繰り返している。しばしば、一生繰り返している。感覚が、極端な執着なしに、嫉妬なしに、妄想なしに、この世界の中で働くとき、シャンカラーチャーリヤによると、このような働きは「浄い食物」と呼ばれる。食物が浄いと、心は、対象を取り入れて、それについて、執着も嫉妬も妄想もなく、考えることができる。そのとき、心は浄まり、つねに神を考えているようになるのだ。

人がシャンカラーチャーリヤの考えが結局は最善だ、と言うのは極めて自然だ。しかし、私は最初の、ラーマーヌジャの考えも無視してはならないということを、つけ加えたい。物質の食物について実際に気を配って初めて他のものはやってくるのだ。心が主人だと言うことはまったく真実だ。しかし、感覚に縛られない人は非常にまれである。私たちはみな物質に支配されている。物質に支配されている間は、物質の助けをかりなければならない。十分に強くなったときに初めて、私たちは何を食べてもよくなるのだ。それだから、私たちは、飲食について気を配るときはラーマーヌジャに従わなければならない。また同時に、心の食物についても注意しなければならないのだ。物質の食物に配慮することはたやすい。しかし、心の働きがそれについて行かなければならない。そのとき、霊的自己は徐々に強くなって行き、物質的自己は徐々にひかえ目になる。そして最後には、どんな食物も、自分を害うことはない、と知る時がやってくる。非常に危険なことは、みなが一度に最高の理想にまで飛び上がりたがることだ。それは正しいやり方ではない。落ちて脚を折るだけのことだ。私たちはこの低い場所に縛り付けられている。その鎖をゆっくり壊して行かなければならないのだ。これがヴィヴェーカ、「食物の識別」と呼ばれているものだ。

次は自由、ヴィモカと呼ばれるものだ。神を愛したいと思う人は極端な欲望を避けなければならない。神以外のものを求めるな。この世界は、人がもっと高い世界に行くのを助ける限り善なのだ。感覚の対象は、人がもっと高い対象を得るのを助ける限り良いのだ。私たちは、この世界が目的に達する手段であって、目的そのものではない、ということをいつも忘れている。もしこの世界が目的であるなら、私たちはここで、この肉体のままで不死であるはずだ。決して死なないはずだ。しかし、私たちは、周りの人びとがつねに死んで行くのを見ていながら、愚かにも、自分たちだけは死ぬことはないと思っている。そして、その確信からこの人生が目的地だと思うようになっている。私たちの九九パーセントはそうだ。このような考え方は今ここで改めなければならない。この世は私たちを完成させてくれる手段である限り善だ。そうであることを止めたとき、それは悪、悪以外の何ものでもない。したがって、妻子、夫、お金、知識は、それらが私たちを前進させるのに役立つかぎりは良い。しかし、そうでなくなったとき、それらは悪以外の何ものでもない。妻は、私たちを神に向けて進むのを助けてくれるかぎり、良い妻だ。夫や子供についても同じだ。お金は他人に良いことをするのに役立つかぎり、少しは価値がある。しかし、そうでなければ、悪の塊に過ぎない。一刻も早く捨てたほうが良い。

次はアビヤーサ、つまり実践だ。心はつねに神に向けられていなければならない。それ以外のものは私たちの心に入り込む権利を持っていない。心はつねに神を思っていなければならないのだ、非常に難しい課題ではあるが。それでもこれはたゆみない実践によって初めて可能である。私たちの現在は過去の実践の結果であり、実践が私たちの将来をつくるのだ。他のやりかたを実践してみよ。ある方向をとったことが私たちの現在をもたらした。他の道をとり、できるだけ速やかにそれを脱却せよ。感覚を思った結果、私たちは、一瞬間生き、一瞬間泣き、次の瞬間喜び、風のまにまに動かされて、ひと言葉の、更には、一片のパンの奴隷にさえなったのだ。恥じるべきことだ。それなのに、自分たちを霊と呼んでいる、私たちには何の意味もないことだ。私たちはこの世の奴隷なのだ。感覚に走った結果、自分で自分をそうしたのである。他の道を行け。神を思え。心に肉体の、または心の快楽を思わせず、神だけを思わせよ。他のことを考え始めたら、向きを変えて神を思うよう、それに手痛い一撃を食らわせよ。「油がひとつの容器から別の容器に途切れのない一線となって落ちるように、鐘の音が遠くから響き、それが一連の流れとなって耳に流れ入るように、この心は途切れないひとつの流れとなって神に向けられなければならない」私たちはこの修行を心だけにさせることなく、感覚にもさせなければならない。馬鹿げた話に耳を傾けることなく、神の話に耳を傾けよ。馬鹿げたことを話すことなく、神について語れ。馬鹿げた本を読むことなく、神について語る良い本を読め。

神を記憶しつづけるこの修行に最も役立つのは、たぶん、音楽だろう。バクティの偉大な教師であるナーラダに主はおっしゃった、「私は天に住んではいない、ヨギたちの心にも住んではいない、ただ私の信者たちが私の賛歌を歌うとき、そこに私はいる」と。音楽は心を瞬時に集中させるほど、心に圧倒的な影響を与える。鈍い、無知な、粗野な人で、心を一瞬も落ち着かせることのできない人も、魅力的な音楽を聴くと、たちまちそれに魅惑される。ライオンや、犬や、猫や、蛇などの動物の心も音楽に魅力を感じる。

次はクリヤー、仕事、他者に善を行うことだ。利己的な人に神の思いはやってこない。私たちが外に出て、他者に善を行えば行うほど、私たちの心は浄められ、その中に神が住むようになるのだ。私たちの聖典によると、五つの礼拝と呼ばれている、五種類の仕事がある。

まず、勉学だ。人は毎日神聖な良いことを学ばなければならない。第二は、神、天使、聖者たちの礼拝だ。第三は祖先に対する義務だ。第四は人類に対する義務だ。人は貧者、またはそれを必要とする人びとのために家を建てるまでは、自分の家に住む権利を持っていない。家住者の家は貧者や苦しむ者すべてに開かれていなければならない。こうして彼は本当の家住者となるのだ。自分と妻しかこの世にいないと思って、二人が楽しむだけの目的で家を建てるなら、彼は神を愛する人ではない。それは最も利己的な行為だ。人は自分だけのために料理を作る権利を持っていない。彼は他者に与えた後に食べなければならないのだ。インドでは、マンゴーやイチゴなどの季節の食べ物が初めて市場に出回ったとき、それをたくさん買い込んで貧しい人びとに与えるのが習慣となっている。人はそれが済んでから自分で食べるのだ。インドではそのようにするのが良いとされている。この習慣は人を非利己的にするばかりでなく、同時に、妻子に対する訓練にもなっている。古代には、ユダヤ人は初なりの果物を神に捧げた。初物はすべて貧者に与えなければならない。私たちにはその残り物にしか権利がないのだ。貧者は神の代表だ。苦しむ者はすべて神の代表だ。与えずに食べて楽しむ者は罪を犯しているのだ。第五は動物たちに対する義務である。動物は人に殺され、すきなように使われるために創造されたのだ、などと言うのは残忍なことである。それは悪魔の福音であって、神の福音ではない。動物たちを捕らえて、その神経が体のどこを動かすかを調べるために切り刻むのは、なんと残酷なことだろう。私たちの国で、支配している国からどんなに勧められても、ヒンドゥたちがそのようなことをしないのを、私は嬉しく思う。私たちが食べる食物も、一部分は動物たちにも属しているのだ。彼らには毎日食物を与えなければならない。この国のすべての町には貧者、盲人、足なえ、馬、犬、猫、牛たちのための病院がなければならない。そして彼らはそこで食物を与えられ、世話されなければならない。

次ぎにカリヤーナ、精進潔斉《しょうじんけっさい》がある。その中にはいくつかの項目がある。第一がサティヤム、誠実だ。誠実な人には真実そのものである神が訪れる。思い、言葉、行為は完全に誠実でなければならない。次はアールジャヴァム、正直であることだ。その意味は、単純であること、心が曲がっていないこと、裏表がないことだ。例え少々辛くともまっすぐ進め。曲がってはならない。ダーヤー、隣れみ、同情。アヒムサー、思いにおいても、言葉、行為においても、あらゆる生きものを害しないことだ。ダーナム、慈善。慈善以上に高い徳はない。最低の人間はその手が自分の方に向いていて、自分のために物を取り込む。最高の人は、手が他者の方に差し出されていて、他者に与える。手はそのために、つねに与えるために作られているのだ。たとえ自分が飢えていても、持っているパンの最後の一切れを与えよ。他者に与えたために自分が餓死にしようと、その瞬間にあなたは自由になるだろう。直ちにあなたは完全なものとなり、神となるだろう。すがりつく子供たちを持っている人は既に束縛されている。彼らは放棄することはできない。彼らは子供たちを喜ばせたいと思うし、そのために代価を支払わなければならないのだ。この世に子供たちはもう十分いるではないか。「私は自分のために子供をもつ」と言うのは利己心にすぎない。（ラーマーヌジャはカリヤーナという項目で述べられている性質の中に、アナヴィドウヤ、すなわち、他人の物を欲しがらないこと、空しいことを思わないこと、他者から受けた侮辱をくよくよ思わないことも加えている。これはスワーミー・ヴィヴェーカーナンダが別のところで述べていることである）

次はアナヴァサーダ（字義はすわらないこと、気落ちしないことを意味する）、つまり、快活さだ。意気消沈している状態は、それが何であろうと、宗教ではない。快活で、微笑することによって、あなたは祈りによるよりも神に近づくだろう。陰鬱で暗い心がどうして愛することができるだろうか。彼らが愛について語ったとしたら、それは嘘だ。彼らは他者を害しようとしているのだ。狂信者たちを考えてみよ。彼らは一番暗い顔をしている。彼らの宗教は、他者を攻撃することだ。過去の歴史を振り返って、今日、彼らに行動の自由を与えたとしたら、彼らは何をするだろうか。もし彼らが力を得たら、明日には全世界を血の海にすることだろう。このような陰欝さが彼らの神だからだ。恐ろしいものを礼拝し、暗い顔をすることによって、彼らはハートから愛を根こそぎ失い、あらゆる人に無慈悲になる。したがって、いつも惨めに感じている人は、絶対、神のもとに来ることはない。それは宗教ではない。「私はこんなに惨めだ」と言うのは悪魔崇拝だ。人は皆重荷を持っている。もし惨めだったら、幸福になろうと努力せよ、惨めさを克服するよう努力せよ。

弱い者は神に到達できない。決して弱くあるな。あなたは強くなければならない。あなたは内に無限の力を持っている。そうでなくて、どうしてすべてを征服できるか。同時に、過度の快活さ、いわゆる、ウッダルシャを避けなければならない。そのような状態にある心は平静になることができない。移り気になるからだ。過度の快活はつねに悲しみをもたらすからだ。涙と笑いは近い親戚だ。人は過度から過度へと走りがちだ。心を快活に、同時に平静に保て。決して過度になるな。過度は必ず反作用をもたらすからだ。

ラーマーヌジャによると、これらがバクティの準備段階である。

第二章　第一歩

バクティについて述べている哲学者たちは、それを、神への極度の愛、と定義している。なぜ人は神を愛さなければならないのか、という疑問を、まず解かなければならない。これを解かなければ、主題を理解することはまったくできないだろう。人生には二つのまったく異なる理想がある。どの国に住もうと、何かの宗教を持っている人は、みな、人は肉体であり、同時に霊である、ということを知っている。しかし、人生の目標についてはそこに大きなちがいがある。

西洋の人びとは一般に、肉体の面に重点を置く傾向がある。インドの、バクティについて述べた哲学者たちは、人の霊的な面に重点を置いている。これが西洋と東洋の典型的なちがいであると思われる。通常使われている言葉でもそうだ。イギリスでは死について語るとき、人が霊魂を失ったと言う。インドでは、人が肉体を放棄したという。前者は、人は肉体であって魂を持っている、という考え方であり、後者の観念は、人は魂であり、肉体を持っている、というものである。ここからもっと複雑な問題が生じる。当然のこと、人は肉体であって、魂を持つ、という考えは肉体を非常に重視する。人は何のために生きるかと質問したら、感覚を楽しむため、品物、富、人間関係などなどを楽しむためだという答えが返ってくるであろう。彼はそれ以上のことは、たとえ教えられても、想像することはできないだろう。来世についての彼の観念はこの快楽の継続にすぎない。彼は、現世でつねにそれをつづけることができず、それと別れなければならないことをたいへん残念に思う。そして、何とかして同じ状態が再生されるところ、同じ快楽、同じ感覚をもっと高い、もっと強い形で持つことのできるところに行きたいと思う。彼は神を礼拝したいと思う。神がその目的を達成する手段である。彼の生涯の目的は感覚対象を楽しむことであり、彼はこれらの快楽の、非常に長期間の使用権を与える力を持つ、ある存在を知るに至る。それだから彼は、神を礼拝するのだ。

他方、インドの観念は、神が生涯の目的だ、というものである。神以上のものはない。そして、これらの感覚的快楽は、より良いものを得ようとして現在通過しつつある段階であるに過ぎない。そればかりではなく、もし人が感覚的な快楽しか知らないとしたら、悲惨で恐ろしいことであろう。毎日の生活の中で、感覚的快楽が少なくなればなるほど、人生は高いものになるということを、私たちは見いだす。何かを食べるときの犬を見よ。――それと同じ満足感をもって食べる人はいない。食べながら満足してブーブーうなるブタを見よ。――あのように食べることのできる人は生まれたことがない。低級な動物の聴覚能力、視覚能力を見よ。彼らの感覚は非常に発達している。彼らの感覚的な快楽は誠に驚くべきものだ。彼らは喜びと快楽のために気違いのようになる。そして、人も低級であればあるほど、感覚を楽しむ。

より向上すれば、理性と愛が彼の人生の目的となる。これらの能力が発達すればしただけ、感覚を楽しむ能力は少なくなる。ひとつの説明として、もし人には一定量の能力が与えられている、とするならそれは、肉体にも心にも霊にも使うことができるものだとするなら、それらのうちのいずれかに使われた分だけ、その力が他に使われる分は減るだろう。無知で野蛮な民族は、文明的な民族よりはるかに優れた感覚能力を持っている。ある民族が文明化するにつれて、その神経組織がより繊細になり、肉体的には弱くなるということは、私たちが歴史から学ぶ教訓のひとつである。野蛮な民族を文明化してみよ、あなたは同じことを見いだすだろう。もうひとつの野蛮な民族が出て来てその国を征服する。征服するのはほとんどの場合、野蛮な民族だ。それだから、私たちが、つねに優れた感覚的快楽を持つことだけを望むなら、私たちは野蛮な状態に堕落するだろう。人が感覚的な快楽が強められる場所に行きたいと言うなら、彼は自分が何を望んでいるかを知らないのだ。彼は野獣になり下がることによって初めて、それを得ることができるのだ。ブタは自分が不浄なものを食べていることを知らない。これが彼の天国なのだ。もし、偉大な天使が降りてきたとしても、ブタはそれを見ようとはしないだろう。彼の全存在は食べることにあるからだ。

感覚的快楽に満ちた天国を願う人も同じことだ。彼らは感覚の泥沼の中で転がり回り、それ以外のものを知らないブタのようなものである。この感覚的快楽が彼らの求めるものであって、それを失うことが、彼らにとっては天国を失うことなのだ。このような人びとは決して最高の意味のバクタではあり得ない。彼らは決して本当の神の愛人ではあり得ない。同時に、彼らは、しばらくの間は、低い理想にしたがっても、やがては変わって行く。人はそれぞれ、自分が知らなかった、もっと高いものがあることを知り、彼らの、生への執着、感覚への執着は徐々に弱まって行くのだ。私は、学校の子供だったとき、菓子か何かを争って友だちと喧嘩したことがある。友だちの方が強かったので、菓子は奪われてしまった。私はその時の気持を今でも思い出すことができる。その少年はこの世で一番悪い少年だ。そして、私がじゅうぶん強くなったら、罰してやろうと思ったのだ。彼を罰するためにはどんな罰でも足りないと思った。今では二人とも成人し、親友だ。このように、この世界は、飲み喰いや、同じような感覚的快楽がすべてであるような赤ん坊に満ちている。それらをわずかでも失うことは、彼らには恐ろしいことなのだ。彼らは菓子のことしか夢見ない。彼らの来世の観念は菓子でいっぱいの場所だ。アメリカインディアンを見てみよう。彼らは、来世で、良い狩りの出来る場所に生き続けると信じている。私たちはそれぞれ、こうありたいと思う天国を心に描いている。しかし、時が経ち、年を取って、より高いものを知るにつれて、もっと高い世界をかいま見るようになる。しかし、私たちの来世の観念を、現代の普通のやり方で、つまり、何ものも信じないというやり方で、失うようなことがないようにしようではないか。このようにすべてを破壊する不可知論者たちは間違っている。バクタはもっと高いものを見ている。不可知論者たちは、天国を持っていないので、そこに行きたいと思わない。しかし、神の子は、天国に行くことが子供の遊びに過ぎないと思っているので、そこに行きたいと思わないのだ。彼が求めるのは神だ。神より高い目標があるか。神ご自身が人の最高の目標だ。彼を見よ、彼を楽しめ。私たちは決して、それより高いものを思うことはできない。神は完全なものだからしたがって、それ以上のことを思いつくことはできない。神の愛以上に高い喜びを思いつくことはできない。しかし、愛という言葉にはさまざまの意味がある。それはこの世で見る、普通の利己的な愛ではない。それを愛と呼ぶことは神を冒涜《ぼうとく》するものだ。私たちの妻子に対する愛は動物の愛だ。完全に非利己的な愛が唯一の愛である。それは神の愛だ。それに到達することは非常に困難である。私たちは子供への愛、父母への愛など、さまざまの愛を経験して行く。そして、徐々に愛の能力を訓練して行く。しかし、多くの場合、私たちはその経験からは何も学ばない。ひとつの段階、ひとりの人に縛りつけられてしまう。ある場合には、人びとはこの束縛を脱却する。人びとはこの世でつねに妻や、富や、名声を追いかけている。時どき、彼らはひどい打撃を受け、そのとき、この世界は実は何であるのか、ということを知る。この世では誰も、神以外のものを本当に愛することはできないのだ。人は、人間の愛はすべて空しいものである、ということを知るのだ。人びとは愛することはできない。彼らはしゃべりまくる。妻は夫を愛すると言い、彼にキスをする。しかし、夫が死ぬやいなや、彼女が真っ先に思うのは銀行の通帳のこと、明日からどうしようかということである。夫は妻を愛している。しかし、妻が病気になって美しさを失ったり、やつれたりしたとき、また、妻が過ちを犯したとき、彼は妻を愛することを止める。この世の愛はすべて偽善であり、空しいものである。

有限なる主体は愛することはできないし、有限なる対象は愛されることはできない。人の愛の対象は時々刻々死んでいき、人の心も彼の成長につれて絶えず変化するのに、この世にどんな永遠の愛を期待することができるのか。神の中以外には、どんな愛もあり得ない。それならなぜ、これらすべての愛があるのか。これらは単なる段階である。背後に、私たちを愛に駆り立てるひとつの力がある。私たちは真の対象をどこに求めたらよいのか知らない。しかし、この愛が、それを求めて私たちを前進させるのだ。幾たびも幾たびも、私たちは自分の過ちに気づく。私たちは何かを掴む。しかし、それは指の間をすりぬける。そこで又他の何かをつかむ。このようなことが幾たびも続く。それからついに、光が来る。私たちは神、唯一の愛する者、神に到達するのだ。彼の愛は変わることがない。そして、つねに喜んで私たちを受け入れる。私があなた方を傷つけたとする。あなた方の誰でもよい、いつまで私に我慢できるか。しかし、心に怒りも嫌悪も嫉妬も無い彼、心の平静を失わず、死にも生まれもしない彼——彼にならば出来る——そして彼は、神以外の誰であり得るか。しかし、神に至るのは長い、また非常に難しい道である。ごくわずかの人しかそこには到達しない。私たちは皆努力している赤ん坊だ。何百万の人びとが、愛の宗教で商売をする。誰もがそれについて語る。しかし、ごくわずかが、それに到達する。一世紀の間に数名がその神の愛に到達する。すると、日が昇ると暗闇が消えるように、全世界が彼らを通じて祝福され、浄められる。ひとりの神の子が現れると、国全体が祝福され、浄められる。

このような人は全世界に、一〇〇年の間にもまれにしか生まれない。それでも私たちはみな、その神の愛を求めて苦闘するのだ。また、私かあなたかが、そのような完全な愛を得る次の人になるかどうか、誰が知ろう。それだから、努力しようではないか。

妻は夫を愛すると私たちは言う。彼女は、自分の魂は全部夫に注がれている、と思う。しかし、赤ん坊が生まれると、彼女の愛の半分またはそれ以上は赤ん坊の方に行ってしまう。

彼女自身、夫の同じ愛がその時も残っているとは思わないだろう。父親についても同じことだ。もっと強い愛の対象がやって来ると、前の愛が少しずつ消える、ということを、私たちも見いだす。あなた方は学校に行っているとき、友だちの何人かを、自分の生涯で最も愛しい人だと思ったことだろう。また、両親をそう思ったであろう。それから、あなた方は夫またはは妻になった。すると、前に持っていた感情は直ちに消え失せ、人生の新しい愛が心ひくものとなった。ひとつの星が昇る。つぎにもっと大きい星が昇る。つぎにもっと大きい星がやってくる。そして、最後に太陽が昇ると、小さな光は全部消えてしまう。その太陽が神である。星々は小さな愛だ。太陽が人の上に光を注ぐと、彼は狂気する。エマーソンが「神に酔った人」と言った状態だ。ついには人は神に変容するのである。あらゆるものは、そのひとつの愛の大洋に融合するのである。普通の愛は動物的な牽引力に過ぎない。そうでなければ、性の違いがなぜ必要なのか。神像の前に膝まずくと、それは恐ろしい偶像崇拝だ。しかし、夫や、妻の前に膝まずくと、それはまったく理想的なのだ！

しかし、あなたはそれらの小さい愛を経なければならないのだ。まず、基礎を清めなければならないのである。あなたの人生観の上に、愛の全理論は定着するであろう。この世界が究極であり、目的であると考えるのは動物的であり、堕落であるに過ぎない。人生をこの考えで出発する人は、自分を堕落させる。彼は決して、向上しない。真相を見ることが出来ない。つねに感覚の奴隷状態にとどまっている。少しばかりの菓子を与えてくれるドルを得るために、苦闘するだろう。このような人生を送るよりは、死んだ方が良い。この世の奴隷たちよ、感覚の奴隷たちよ、立ち上がれ！　これよりもっと高いものがあるのだぞ。あなたはこの人、この「無限霊」が、目や、鼻や、耳の奴隷になるために生まれて来たのだと思うのか。背後に、すべてを可能とし、すべての束縛を断ち切ることのできる無限、かつ全知の霊があるのだ。そして私たちはその霊なのだ。そして私たちは愛によってその力を得るのだ。それだから、これが理想なのだ。あなたは記憶していなければならない。しかしそれは、明日得られるという訳のものではない。私たちは得た、と自分は空想するかも知れない、しかし、それは結局空想であろう。まだまだ長い道のりが残っているのだ。私たちはまず、その人を彼の立っている場所でつかまえ、そしてもしできるならそこで彼の向上を助けなければならない。人は物質主義に立っている。あなたも私もみな、物質主義者である。私たちが神や霊について語るのはよい。しかしそれらは、一般社会の通り言葉に過ぎない。私たちはオウムのようにそれを学び、口にしているのだ。それだから、私たちはまず物質主義者であるこの自分をつかまえなければならないのだ。時には物質の助けを借りてでも。そして、ゆっくり、ゆっくり、真の霊性の人になり、自分を霊であると感じ、霊を理解し、そして私たちが無限と呼んでいるこの世界は、その背後にあるものの粗大な外見に過ぎないのだ、ということを見いだすまで、そろり、そろり、そろりと進みつづけよう。

しかしその上に、あるものが必要である。山上の垂訓に「求めよ、そうすれば、与えられるであろう。捜せ、そうすれば、見いだすであろう。門をたたけ、そうすれば、あけてもらえるであろう」と言われているのをあなたがたは知っている。問題は誰が捜し、誰が求めるかである。私たちはみな神を知っていると言う。ある人は神の非存在を証明するために、他の人は神の存在を証明するために、厚い本を書いている。ある人は生涯をかけて神を証明するのが自分の義務だと思っている。他の人は神を否定し、神が存在していないことを人びとに教え回っている。神を証明したり、否定したりするために本を書いて何の役に立つか。神がいようが、いまいが、大部分の人びとには何の関係があろう。この都市に住む大部分の人は、朝起きて、朝食をとる。神は彼らが着物を着たり、ものをたべたりするのを助けには来ない。彼は仕事に行き、一日中働いて、金を得る。それを銀行に預けて家に帰り、食事をして、ベッドに入る。ちょうど機械のように、神をも思わなければ彼の必要性も感じない。それから、ある日死神がやってきて、「来い」という。男は言う、「ちょっと待ってくれ。もう少し時間が欲しい。息子のジョンがもう少し大きくなるのを見たいのだ」しかし、死神は言う、「すぐに来い」と。そのように事ははこぶ。哀れなジョンの場合も同じだ。この哀れなジョンに何と言おうか。彼は、一度も、神が最高の目的だということを彼に話せるものを見いだしたことがないのだ。彼はたぶん過去生ではブタだったのだろう。そして、向上して人に生まれたのだろう。しかし、この世は哀れなジョンたちばかりで成り立っているのではない。少しは目覚めた人びともいる。不幸がやってくる。最愛の者が死ぬ。自分の魂のすべてを捧げていたもの、そのためには全世界を欺きもしたであろうものが失われる。ひどい一撃がやってくる。たぶん、ある声が私たちの魂の中に聞こえて、「このあとは何が来るのか」と問いかける。彼を豊かにするためにジョンが大勢の人をだまし、自分は飢えていた、その息子がたぶん死ぬ。するとジョンはその打撃で目が覚める。彼女を得るためにジョンが狂った牛のようにたかった、その妻、彼女に新しい着物と宝石を買ってやるためにジョンが金を集めていたその妻が、ある日、突然死ぬ。そのとき、どうなるのか。時には死がやって来ても打撃を受けないこともある。しかし、このような例はまれだ。自分の目的が指の間から滑り落ちてしまったとき、私たちの大部分は「いったい、どうしたら良いのか」と叫ばざるを得ない。何と私たちは感覚にしがみついていることか！　溺れる人がワラをつかむ話を聞かれたことがあるだろう。彼はワラにしがみつく。それに失敗するとかれは誰かが助けてくれるべきだと言う。それでも、人びとはイギリスの諺《ことわざ》に言われているように、もっと向上するために、「野生の麦を蒔く」ことをしなければならないのだ。

しかしこの「バクティ」は、ひとつの「宗教」なのである。宗教は大勢の人のためにあるのではない。それは不可能だ。立ったりすわったりする、ある種の膝の訓練は、大勢の人びとのためにあるだろう。しかし宗教は、ごくわずかの人びとのためのものである。それぞれの国に、宗教的である人、そうなり得る人はほんの数百人しかいない。他の人はだめだ。なぜなら、彼らは目が覚めないだろう。さめたいと思わないのだ。大切なのは、神を「欲する」ことである。私たちは、通常、神以外のものは何でも欲しがる。私たちが普通求める物は外界から供給されるのだから。私たちが内から、神から供給を欲するのは、私たちの要求が外界を超越したときである。私たちの要求がこの物質世界という狭い限界内に限られている間は、私たちは神を求めることは出来ない。私たちが何かを求めて見上げるのは、この世であらゆるものに満足したときだけである。要求があるときにはじめて、供給はやって来るのだ。この世のこの子供の遊びをできるだけ早くやり終えよ。そのときに初めて、あなたは、この世を超えたあるものの必要を感じるであろう。そして宗教への第一歩がふみだされるであろう。

単に一種の流行にすぎないようなタイプの宗教がある。私の友人は居間の家具の間に日本のつぼを飾っている。それがたぶん流行なのであれば、私もそれを持たなければならない、たとえ何千ドルしても、というわけだ。同様に、流行を追って私は宗教的になり、教会に行くだろう。バクティはこのような私たちのためのものではない。バクティは本当の「必要」から生まれるものだ。必要とは、それなしには私たちは生きることができないというものだ。私たちには呼吸が必要だ、食物が必要だ、着る物が必要だ。それなしには生きることが出来ないからである。ある男がこの世で一人の女を愛するとき、それは間違いではあるけれど、彼か彼女なしには生きていられない、と感じるときがある。夫が死んだとき、妻は彼なしには生きていられない、と思う。しかし、彼女は同じように生きて行く。これが必要というものの秘密だ。それは、それなしには私たちは生きて行けない、というもの、それがやって来るか、私たちが死ぬか、どちらかだ、というものである。私たちが神について同じように感じるようになるとき、言いかえれば、この世を超越したあるもの、すべての物質的な力を超越したあるものを欲するとき、そのとき私たちはバクタになるのだ。いわば、雲が少しと切れて私たちが、一瞬彼方をかいま見たとき、その瞬間のゆえにこれらの低い欲望は大洋の一水滴のように見えるとき、私たちのこの小さな生命など何ものであろう！　魂が成長し、神の必要を感じ、神を持たなければならなくなるのはそのときである。

それだから、第一歩は、私たちが「何」を欲するか、と言うことだ。この問いを毎日自分に問いかけようではないか――自分は神を欲しているのか。あなたがたは世界中の書物を読むかもしれない。しかし、この愛は、会話の力からも、最高の知力からも、さまざまの科学の研究からも得られるものではない。神を欲する人は「愛」を得るだろう。彼に、神はご自身をお示しになるのだ。愛はつねに互いに反映されるものだ。あなたは私を嫌っているかもしれない。そしてもし私があなたを愛し始めるなら、あなたは反発する。しかしもし私が、一ヵ月、更に、一年、愛し続けるなら、あなたは私を愛するにちがいない。これはよく知られた心理学現象だ。夫を愛する妻が、亡くなった夫を想うように、私たちも同じ愛で神を欲しなければならない。そうすれば私たちは神を見いだすだろう。書物も、さまざまの学問も、私たちに何も教えてはくれないだろう。書物を読むことによって、私たちはオウムになる。書物を読むことによって、誰も博学にはならない。もし人が愛のたった一語を読むなら、彼はほんとうに博学になる。それだから私たちは、まず第一にその願いを持つことを欲するのだ。毎日、自分にたずねようではないか――私たちは神を欲するか――と。宗教を語り始めるとき、特に、高い地位に立って人を教え始めるとき、私たちは同じ問いを自分に問いかけようではないか。私は、たびたび、自分は、神を求めているのではない、もっとパンを欲しがっているのだ、と気づくことがある。一切れのパンを得ることができなかったら、私は気が狂うだろう。多くの婦人たちが、もしダイヤモンドのピン（装飾品）が得られなかったら、気が狂うだろう。しかし彼女らは、神を同じようには欲しない。彼女らは、この世の唯一の「実在」を知らないのだ。私たちの国には次のような格言がある、「猟師になりたければ、サイを狩ろう。泥棒になりたいなら、王様の宝を取ろう」乞食から取ったり、アリを狩ったりして何になろう。それだから、もし愛したいと思うなら、神を愛せよ。誰がこの世のこれらのものなどを気にかけよう。私は率直にものを言う人間だ。しかし、善意の人間だ、あなた方に真理を知っていただきたいのだ。あなた方をおだてたいとは思わない。それは私の仕事ではない。あなたがたは私の子供のようなものである。私はあなた方に真理を語りたいのだ。この世はまったくのうそである。すべての偉大な教師たちはそれを見いだした。神による以外、それの出口はない。神が私たちの人生の目標である。この世を人生の目標とする考えはみな有害だ。この世界とこの肉体はそれなりの価値を、目的に至る手段としての二義的な価値を持っている。しかし、この世が目的であってはならない。不幸なことに私たちは余りにもしばしばこの世を目的と、そして神を手段とする。私たちは、人びとが教会に行って、「おお、神よ、これこれのものをお与え下さい、おお、神よ、私の病気をお直し下さい」と祈っているのを見る。彼らは健康な肉体を欲している。そして、誰かがどこかにすわっていて、彼らのためにそれをしてくれると聞いたので、行って、祈るのだ。こんな宗教の観念を持つくらいなら、無神論でいたほうがましだ。すでに申し上げたように、バクティは最高の理想である。将来、何百万年かかっても、そこに到達できるものかどうか、知らない。しかし、私たちはそれを最高の理想としなければならないし、感覚を最高のものに向けなければならないのだ。たとえ、目標に到達できなくても、少なくとも、それに近づくことはできるだろう。私たちはこの世界と感覚を通して神に近づくべく、ゆっくりとはたらき続けなければならないのである。

第三章　バクティの教師たち

あらゆる魂は完全になるように運命づけられており、あらゆる生物は、ついには、その状態にまで到達するであろう。私たちの現在の姿はすべて、過去に私たちがしたこと、思ったことの結果である。そして、私たちの将来の姿は、私たちが今、したり、思ったりすることの結果である。しかし、これは、私たちが外部から助けをうけることを否定するものではない。魂の可能性はつねに、外部からの助けによって促進されるものであって、世間大方の場合、外部からの助けがほとんど絶対に必要である。はやめる力が外からやって来て、私たちの潜在能力にはたらきかけ、そこで成長が始まる、霊的な生活がはじまり、人は浄められて、ついには完成するのである。この促進力は外から来るが、書物からは得られない。魂は他の魂からのみ、力を受けることはできるのだ。他のものからは受けない。私たちは全生涯書物を学び、非常に知的になるだろう。しかも最後には、霊的には少しも進歩しなかったことに気づくのだ。高度の知性の進歩は必ずしも、そのひとの霊性の進歩を伴うものではない。逆に、知性が霊性を代償として支払って高度に進歩した例を、毎日のように見いだす。

さて、知的な進歩は、書物から大きく助けられるが、霊性の進歩には、ほとんどそれはない。書物を学んでいると、ときどき霊的に助けられているような気がする。しかしもし自分を分析するなら、霊性ではなく、知性だけが助けられているのだ、ということが分かるだろう。私たちのほとんどが、霊的な事柄について雄弁に語るにもかかわらず、実行の面では嘆かわしく無力なのはそのためである。それは、書物が外から力を与えることはできないからである。霊性の進歩をうながすためには、力は他の魂からやって来なければならない。この力を与える魂はグル、教師と呼ばれる。そして、その力を受ける魂は弟子、生徒と呼ばれる。まず、力を与えるためには、その魂は他者にそれを、いわば、伝達する力を持っていなければならない。次に、その力を受ける対象は、それを受けるにふさわしいものでなければならない。種子は生きた種子でなければならないし、畑はよく耕され、準備がされていなければならないのだ。二つの条件が満たされたとき、宗教のすばらしい成長が始まる。「宗教を語る者は立派でなければならない。聞く者もそうでなければならない」、そして、この両者がほんとうにすばらしく、並外れているときにのみ、宗教のすばらしい発達は来るだろう。そうでなければ来はしない。これらが真の教師であり、真の生徒である。これらのかたわらで、他の者たちは、霊性をもてあそんでいる。少しばかりの知的努力をするだけ、少しばかりの好奇心を満足させるだけ、ただ宗教の地平線の外に立ったままで。それにも多少の価値はある。すべて、やがてはやって来るのだ。畑が準備されれば必ず、種子は必ずやって来る、魂が宗教を欲すれば必ず宗教の力を伝える人はすぐにやって来る、というのは不可思議な自然のおきてである。「求めている罪びとは、求める救い主に会う」受ける魂の中に引き付ける力が満ちて熟すると、その引力に応える力は必ずやって来るのである。

しかし、その進路には大きな危険がある。受ける側の魂は、つかの間の感情を本当の宗教的な渇仰心と勘違いする危険がある。たびたび、私たちは人生にこのようなことが起こるのを見ている。愛する者が死ぬ。ひととき、私たちは打撃を受ける。この世が指の間からすりぬけて行くと感じ、もっと高いものを求めて、宗教的になりたいとこいねがう。数日するとその波は静まり、自分は元の場所に座礁していることを知る。私たちはしばしばこのような瞬間的な衝動を、宗教に対する本当の渇きと勘違いする。しかし、これらつかの間の感情を勘違いしているかぎり、継続する、魂の真の渇きはやって来ないし、「伝達者」を見いだすこともできないだろう。

それゆえ、真理を見いだせないことに不満を感じ、しかもそれを心から求めているときには、自分の魂をのぞきこみ、自分が本当に求めているのかどうかを調べることを、自分の第一の務めとすべきである。ほとんどの場合、自分はそれをしていない、自分は本当に求めてはいない、ということを見いだすだろう。自分は霊的なものに対する真の渇きは無かったのである。

「伝達者」にはそれ以上の困難がある。無知に浸っているにもかかわらず、傲慢のため、自分は何でも知っていると思いこみ、それだけでなく更に他者を自分の肩にかつごうとし、このように、盲人が盲人を導いて、二人ともドブに落ちてしまう、このような人が大勢いるものだ。この世はこのような人でみちている。誰もが教師になりたがる、乞食がみな一〇〇万ドルを与えたがっている。この乞食と同様に、このような教師たちもばかばかしい。

では、どうしたら教師を知ることができるか。まず、太陽を見るためには、たいまつは要らない。私たちは太陽を見るためにロウソクをともさない。太陽が昇れば、私たちは本能的にそれを知る。人の師が私たちを助けに来れば、魂は本能的に、自分が真理を発見したことを知る。真理は自らを証明する。自分を証拠立てるために、他者の証言を必要としない。真理は自ら光を放つ。それは私たちの本性の奥まで浸透し、全宇宙は立ち上がって、「これが真理だ」と叫ぶ。これが、非常に偉大な教師なのである。しかし、私たちは、それより劣った教師たちからも、助けを得ることができる。そして私たちは、自分を助けてくれる人をつねに判定できるほどの直観力を持っているわけではないので、ある種のテストが必要である。教えられる側にも、教える側にもある種の条件が必要なのである。教えられる側に必要な条件は、浄らかさ、知識に対する本当の渇仰心、忍耐力である。不純な魂は宗教的にはなれない。これが最大の条件である。どの道にあっても純粋さは絶対に必要だ。もうひとつの条件は知識に対する本当の渇仰心である。誰が欲するのか。これが問題である。私たちは、欲するものは何でも得る。これは古い、古いおきてである。欲する人は得る。宗教を欲することは非常に難しい。一般に考えられているほどたやすいことではない。それから、私たちはいつも、宗教は、話を聞いたり書物を読んだりすることではなく、勝利を得るまでつづく、苦闘、自分の性質との取っ組み合い、不断の戦いだ、ということを忘れている。一、二日とか、一、二年とか一、二生涯という問題ではなく、幾百生涯かも知れないのであって、あなたはその覚悟をしていなければならないのだ。このような精神で出発する生徒は、成功する。

教師の中には、私たちはまず、彼は聖典の秘密を知っている、ということを確かめなければならない。世界中が聖典を読んでいる――聖書、ヴェーダ、コーランおよびその他すべて。しかし、それらは単に言葉、文法の統合――語源学、哲学――宗教の骸骨に過ぎない。教師は書物の年代を知ることはできるかも知れない。しかし、言葉は、ものが入ってくる外側の形に過ぎない。言葉にこだわりすぎ、言葉にばかり心をもちいる人は、精神を失う。それゆえ、教師は聖典の精神を知ることができなければならない。言葉の網細工は密林のようなもので、人の心はそこに迷いこんだら、出口を見いだすことができない。言葉を結合する方法、美しい言葉を語る方法、聖典の用語を説明するさまざまの方法は、学者の楽しみのためにあるに過ぎない。これらが人を完成に導くことはない。（ヴィヴェーカチューダマニ、六〇）こんな方法を用いる人びとは、ただ世間が彼らを賞め、学識があると見てくれるよう、自分の学識を見せびらかしたいと思っているだけである。あなたがたは、世界の偉大な教師たちは一人として、このような、原典のさまざまな説明などには念を入れていなかったことを、見いだすだろう。彼らは、「この言葉の意味はこうだ。そして、これがこの言葉とあの言葉との言語学上の一致点だ」などと言う、「原文いじり」の試みはしなかった。世界の生んだすべて偉大な教師たちを研究せよ、だれもそんなやりかたはしていない。それでも「彼ら」は教えた――教えるものを持っていない他の教師たちが、一語を取り上げてそれの起源につき、それを最初に使った人につき、またこの人びとが何を食べていたか、どのように眠っていたかについて、三巻の書物を書くであろう間に。

私の師はある話をなさった。数人の男がマンゴー林に行った。大部分の男たちは葉を数えたり、葉の色を調べたり、実の寸法を測ったり、枝の数を調べたりするのに忙しかった。それから、彼らはすべてを記録し、それらについてすばらしい議論を始めた。しかし、その中の一人、もっと分別のある男は、ひとり離れて一生懸命マンゴーを食べていた。さて、彼らの中で誰が一番分別があったか。それだから、このように葉や枝を数えたり、他人のためにそれを記録したりするのは止めなさい。このような仕事が価値を持っている場合もあるだろう。しかし、ここ霊性の世界にはそれはない。人はこのような働きによって霊的になることは、決してないのだ。あなたがたは、このような「葉を数える人」の中に強い霊性の人を一度も見たことはないだろう。宗教は人の最高の目的、最高のほまれである。そして、もっともたやすいものである。それは、「葉を数える」必要などはないのだ。もしあなたがクリスチャンになりたいなら、キリストがどこで生まれたか、エルサレムか、ベツレヘムか、また彼が山上の垂訓をたれた正確な日はいつであったか、知る必要はない。あなたは山上の垂訓を「感じ」さえすればよいのだ。垂訓が述べられた時について書かれた二〇〇〇語を読む必要はないのだ。そんなことは、学者の楽しみである。彼らはそれで楽しませておけ。「アーメン」と言って。私たちは「マンゴーを食べよう」ではないか。

教師に必要な第二の条件は、彼は潔白な人でなければならない、ということだ。イギリスの一友人があるとき、私に質問をした、「教師の人格に注目すべきだろうか。それとも、彼の言うことを判定するだけで、それを採りあげればよいだろうか」そうではない。もし、ある人が私に力学か化学か、他の自然科学を教えたいのなら、彼はどんな性格でもよい。それでも、力学やその他の科学を教えることはできる。自然科学が必要とする知識は単に知的なもので、知性の力だけに依存するものである。

そのような場合、人は魂をまったく発達させることなく、巨大な知力を持つこともできる。しかし、霊性の科学の場合、不純な魂の中に、霊的な光がさすことは、始めから終わりまでまったく不可能である。それゆえ何を教えるのか。彼は何も知らないのだ。霊性の真理は浄らかさだ。心の浄い者は幸いである、その人は神を見るであろう。このひとつの文章の中にすべての宗教の要旨が含まれている。もしあなたがそれを学んだなら、過去に言われたすべてのこと、また、未来に言われるすべてのことを知ったのである。他のものを捜す必要はない。必要なものはみな、この一文章の中に含まれている。たとえ聖典がすべて失われても、これがあれば世界は救われる。神のヴィジョン、彼岸の世界のべっ見は魂が清くなるまでは決して訪れない。したがって、霊性の教師の中に、浄らかさはなければならない唯一のものである。私たちは「第一に」、彼が何で「ある」かを、そして「それから」、彼が何を「言う」かを、見なければならないのだ。知性の教師たちの場合はそうではない。この場合は、彼が何者であるかよりも、彼の言うことに注意しなければならない。宗教の教師については、私たちはまず、彼が何であるか、彼が浄らかな人であるかどうかを見なければならない。そうであって初めて彼の言葉は価値を持つのだ。彼は伝達者なのだから。彼が内面に霊的な力を持っていなかったら、何を伝えようというのか。教師の心の中のある振動が教えられる者の心の中に移るのだ。たとえをあげて見よう。ここにあるヒーターがもし熱を持っていれば、それは熱の振動を伝えることができる。もし持っていなければ、それはできない。これは伝達の問題であって、知的な能力だけを刺激するという問題ではないからだ。実在する、触れることのできるあるものが、教師から教えられる者に伝えられなければならないのだ。したがって、教師の第一条件は、真実であり、浄らかである、ということだ。

第三は彼の動機だ。彼がかくれた目的――名声や評判などを求める気持ちをもって教えるのではないということ、あなたに対する愛、純粋な愛のために教えるのである、ということをたしかめよ。霊的な力が、教師から教えられる者に伝えられるとき、それは愛という媒体を通じてしか運ばれない。それらを運び得る媒体は他にはない。利益や名声などの他の動機はその伝達媒体を直ちに破壊してしまう。それだから、すべては愛によってなされなければならないのだ。神を知った人だけが教師となることができる。教師の中にこのような条件が満たされていることが分かったとき、あなたは安全である。もし満たされていないなら、彼に教えてもらうことは危険である。もし彼が善を伝えることができないなら、悪を伝えるかも知れない。このことについて注意しなければならない。したがって、誰に教えてもらっても良いという訳には行かない。小川は法を説き、小石は法を説く――は詩的表現としてまさに真実である。しかし、人は自分がそれを知るまでは、ひと言の説教も、することはできない。小川は誰に向かって法を説くのか。真の教師から与えられた光によって心の蓮華が既に開いている人の魂に対して、である。ハートが開いたとき、それは小川からも石からも何ものからも、教えを受けることができる。それはそのとき、すべてのものから、何らかの教えを受けることができるのだ。しかし、ひらいていないハートはそこに小川、転がる小石以外、何ものも見はしないだろう。盲人も博物館に行くことはできるだろう。しかし、行っても何にもならない。まず、彼の目が開かなければならない。それで始めて、学ぶことができるだろう。教師はこの、宗教の目を開く人である。したがって、教師と私たちとの関係は先祖と子孫とのそれである。教師は霊性の先祖であり、弟子は霊性の子孫である。自由と独立について語るのは非常にけっこうだ。しかし、謙遜と、服従と、尊敬の念と、信仰がなければ、そこに宗教はないだろう。教師と教えられる者との間にこの関係がまだ残っているところにだけ、巨大な霊的魂が成長しており――それを捨てた人びとの間では、宗教は単なる気晴らしにすぎない、というのは意味の深い事実である。

教師と教えられる者との間のこの関係が失われている国や教会では、霊性はほとんど未知数のものとなっている。この感情がなければ、霊性は決してやってこない。第一に、伝達する者がいないし、第二に伝達される者もいない。彼らはみな、独立しているのだから。彼らは誰から学ぶことができるのか。また、もし学ぶためにやって来ても、彼らは学識を「買う」ためにやって来る。私に一ドル分の宗教を与えて下さい。それに対して一ドルを支払えないことがあろうか。――宗教はこんな風にして得られるものではない。

霊性の師から伝えられて魂に来る知識より、高く、神聖なものはない。もしある人が完全なヨギになったのなら、それはひとりでに来るのだ。しかし、それは書物から得られることではない。あなたが世界の四つの隅、ヒマラヤ、アルプス、コーカサス、ゴビやサハラの砂漠、更には海の底に行って、頭をぶつけても、教師を見いだすまでは、それはやって来ない。師を見いだせ、子として彼に仕えよ、彼の影響をハートにいっぱいに受けよ。彼の中に現れた神を見よ。私たちの注意は、神の最高の現れとしての師に、集中されるべきである。注意力がそこに集中されると、人としての教師の姿は溶け去り、形は消えて、真の神がそこに残されるであろう。このような敬意と愛の念を持って真理に近づく人びとと彼らに、真理なる主は、最もすばらしい言葉を語って下さるのだ。汝の靴を脱ぎすてよ、汝が立つ、その場所は神聖なのだから。神の名が語られる場所は神聖なのだから。神の御名《みな》を語る人は、どれほどもっと神聖であることか。そして霊性の真理を与えてくれる人には、どれほどの敬意を持って近づかなければならないことか！　この精神をもって、私たちは学ばなければならないのである。たしかに、このような教師はこの世には少ない。しかし、決してまったくいないというわけではない。完全に彼らがいなくなった瞬間、世界は存在を止め、恐ろしい地獄に化し、失われてしまうだろう。これらの教師たちは人生の美しい花であって、この世界を維持している。社会のきずなを安全に保っているのは、彼らの力なのである。

　このような教師の上に別の種類の教師たちがいる。世界のキリストたちだ。彼らはすべての教師たちの教師であって、人の姿をして来る神である。彼らはもっと非常に高い。彼らは一触れで、思うだけで霊性を伝えることができ、それはもっとも低い、もっとも堕落した者を、一瞬のうちに聖者にする。彼らがこのようなことをどの様にしたかを読んだことはないか。彼らは私が今まで語った種類の教師たちではない。彼らは教師たちの教師である。人に示された最高の神の現れである。私たちは神を見ることはできないが、彼らを通して見ることができる。私たちは彼らを礼拝せずにはいられない。そして彼らこそ私たちが礼拝しなければならない唯一の存在である。

神を「見た」者はいない。しかし、彼は息子に現れている。私たちは神を見ることはできない。もし見ようとつとめるなら、ぞっとするほど嫌らしい神、戯画を作ってしまうだろう。インドにひとつの話がある。無知な男がシヴァ神の銅像を作るよう頼まれたが、何日も努力して彼が作ったのはサルの像だった。そのように、神の像を作ろうとするたびに、私たちは彼の戯画を作ってしまうのだ。人間である限り私たちは、人よりも高いものとしての彼を、理解することはできないからである。私たちが人間の性質を超越し、彼を彼のあるがままに見るときがやってくるであろう。しかし、私たちが人間である間は、私たちは人の中に彼を礼拝しなければならない。どんなに努めても、あなたは人の姿をした神以外を見ることはできないのである。私たちは非常に知的な演説をするかも知れない、偉大な合理主義者になって、これらの神に関する物語はナンセンスだということを証明するかも知れない。しかし、実際的な常識にたち戻ろう。この素晴らしい知性の背後に何があるか。ゼロ、何もない。単なるあぶくである。次に、ある人が神のこの礼拝に反対してすばらしく知的な演説をするのをこの次に聞いたら、彼をつかまえて、彼の神に関する考えと、全能、遍在、普遍の愛などという語句のスペル以上の意味を尋ねて見よ。意味などはない。彼は何ひとつ説明することはできない。本など一冊も読んだことのない、街を歩いているただの人より優れたところは何もない。ただし、街を歩いている人は静かにしているし、世界を乱すこともない。彼は何も知らないのだから、両者は同じ水準に立っているのだ。宗教は悟りである。そして、あなたはおしゃべりと悟りとをはっきりと区別しなければならない。あなたが魂の中で感得するのは悟りである。さて、遍在の実在という言葉であなたは何を意味するか。人は霊を考えることができない。彼は自分の前に見る形で、それを思わざるを得ない。青空とか、広野とか、海とか、何でも大きなものについて、考えざるを得ないのだ。それ以外、どのようにして神を考えることができるか。そこで、あなたは何をしているのか。遍在について語りながら、海を考えているのだ。神は海か。この世間の、このあぶく泡のような議論はみな止めよう。私たちには常識が必要だ。常識ほどまれなものはない。この世はあまりにもおしゃべりでいっぱいだ。私たちは今のところは生まれつき、神を人としてしか見ることができないよう制限され、束縛されているのだ。もしバッファローが神を礼拝することができるとしたら、彼らは彼を巨大なバッファローだと思うだろう。魚が神を礼拝したいと思うなら、彼を大きな魚として思わなければならないだろう。人間なら、彼を人として考えざるを得ない。そして、それは決して空想ではないのだ。あなたと私、バッファロー、魚、おのおのはみな、さまざまの器である。これらすべてが海に行き、内側の形どおりの水で満たされる。それぞれの器に入っているのは水以外の何物でもない。それぞれの内に入っている神についても同じだ。人が彼を見るとき、彼らは彼を人として見る。動物の場合は動物として、その他いずれも、おのおのの観念にしたがって見る。これが、あなたがたが彼を見ることのできる唯一の方法である。あなたがたは彼を、人として礼拝しなければならないのだ。それ以外には方法がないのだから。人のうち、二種類の人が、神を人として礼拝しない。宗教を持たない獣のような人間と、人間性を超越し、心身を放棄し、自然の限界を超えたパラマハンサ（最高のヨーギー）だ。すべての自然は彼の自己［1］となっている。彼は心も身体も持っていない。彼はイエスやブッダのような人と同様、神を神として礼拝することができるのだ。彼らは神を人としては礼拝しなかった。他の極端は獣のような人間だ。両極端がどんなに似ているか、お分かりだろう。極端な無知と極端な知識の場合も似ている。かれらは何も礼拝しない。極端に無知な者は、その必要性を感じるほどに成熟していないので、神を礼拝しない。最高の知識を得た人も神を礼拝しない。彼らは神を悟り、神とひとつになっているのだから。神は決して神を礼拝しない。この両極端の中間で、もし誰かが自分は神を人としては拝まない、といったら、彼には注意せよ。彼は無責任な語り手だ。彼の宗教はあぶくのような考えの人びとのためのものだ。それは知的ナンセンスである。

したがって、神を人として礼拝することは絶対必要である。そして、この様な礼拝できる神人を持っている民族の幸いなるかな。クリスチャンはキリストという神人を持っている。それだから、彼らはあくまでもキリストにしがみついていよ。彼らは決して、キリストを捨てていけない。人の中に神を見るということ、それが神を見るための自然の道である。私たちの神の観念のすべては、そこに集中することができるのだ。クリスチャンたちが持つ大きな限界は、彼らがキリスト以外の神の顕現をみとめない、ということだ。彼は一個の神の現れであった。ブッダもそうであった。他にも何百人の現れがいるだろう。神をどこにも制限してはならない。クリスチャンは彼らが神にささげようとするすべての尊敬を、キリストに捧げるべきである。それが彼らができる唯一の礼拝だ。神を礼拝することはできない。神は宇宙に内在する実在だ。私たちが祈ることができるのは、彼の人としての現れだけである。クリスチャンが「キリストの御名によって」祈るのは非常にけっこうだ。もし彼らが神に祈るのを止めて、キリストだけに祈るなら、もっと良かろう。神は人の欠点をご存じで、人類の幸せのために人になって下さるのだ。「正法《ダルマ》が実践されなくなり、邪法が世にはびこった時、バーラタ王の子孫（アルジュナ）よ！　何時でもどこでも私は姿をとって現れるのだ」と、クリシュナは言う（ギーター、四・七）。「愚者たちは、人の姿をとって降誕した私を普通《ただ》の人間だと思っており、私が至高の性質をもつ主という存在であることを知らない」（ギーター、九・一一）彼らの心は悪魔的無知によって曇らされているため、彼の中に宇宙の主を見ることができないのだ。これらの偉大な神の化身たちは礼拝されるべきである。それだけではない、彼らだけが礼拝され得るのだ。そして、彼らの誕生の日、彼らがこの世を去った日を、私たちは特別の敬意を捧げてすごすべきだ。私は、キリストを礼拝するにあたり、彼が、神をこのように礼拝しようと欲したのとまったく同じように、彼を礼拝したいと思うのである。彼の誕生の日には、私は、祝宴を開くよりもむしろ、祈りと断食で彼を礼拝したいと思う。この様に考えていると、これら偉大な人びと、彼らは私たちの魂に現れ、私たちを彼らに似たものにしてくれる。私たちの全性質が変わり、彼らのようになる。しかしあなたがたは、キリストやブッダを空中を飛ぶお化けやそれと同じたぐいの無意味なものと混同してはならない。冒涜だ！　キリストが、心霊現象の場面に出てきて踊るのだ！　私はこの国で、その様な偽りを見たことがある。これら神の現れは、そんな形でやってくるのではない。彼らの中の一人のたった一触れは人の中に別の形で現れるであろう。キリストが「触れる」とき、その人の魂は全面的に変わるだろう。彼はキリストそのものに変容するのだ。彼の全生命は霊化する。霊性の力は彼の全身の毛穴から放射する。結局、奇跡と治癒の中に現れているキリストの力は何だったのか。それらは低い、卑俗なことに過ぎなかったのだ。卑俗な人びとの中にいたため、そうせざるを得なかったのだ。この奇跡はどこで為されたか。ユダヤ人たちの中でである。ユダヤ人たちは彼を受け入れようとしなかった。それはどこで為されなかったか。ヨーロッパである。奇跡はキリストを拒否したユダヤ人に、山上の垂訓は彼を受け入れたヨーロッパに行った。「内省」の精神が真実を受け入れ、偽物を拒否したのである。キリストの力は彼の奇跡や治癒の中にはない。どんな愚者でもそんなことはできる。おろか者も他人を治すことはできる。悪魔にもできる。私は恐るべき悪魔的な男たちがすばらしい奇跡を行うのを見た。彼らは土から果物をつくり出すだろう。愚者や悪魔的な男たちが過去、現在、未来を言いあてるのも知っている。愚か者たちが意志の力で、一瞥《いちべつ》で恐るべき難病を治すのを見たことがある。これらは間違いなく力だ。しかし、往々にして悪魔的な力だ。もうひとつはキリストの霊的な力である——それは生きるであろうし、つねに生き続けてきた。全能の、すべてを抱擁する愛である。そして、彼が教えた真理の言葉もまた生きるであろう。彼の一瞥《いちべつ》でなされた治癒の行いは忘れられるかも知れない。しかし、「心の浄い人は幸いである」という言葉はそうではない。それは今日も生きている。これらの言葉は、人の心が生きて続く限り、使い尽きることのない、巨大な力の倉庫である。神の名が忘れられない限り、これらの言葉は生き続け、途絶えることはないであろう。これらが、イエスが教えた力のたぐいであり、彼が持っていた力である。彼の力は浄らかな力であった断固とした力であった。それゆえ、キリストを礼拝し、キリストに祈るにあたっては、私たちは、自分が何を求めているかをつねに覚えていなければならない。おろかな奇跡を見せる力ではなく、すばらしい霊の力を求めるべきである。人を自由にし、彼に全自然を制御させ、彼から奴隷のバッジをとり去り彼に神を啓示する、力である。

〔1〕世界の動力因及び質料因である永遠な自己（アートマン）。

第四章　象徴の必要性

バクティは二つの部分に分かれている。ひとつはヴァイディと呼ばれ、形式的、儀式的なものだ。もうひとつはムクヤと呼ばれ、最高のものだ。バクティという言葉は礼拝の最低の形式から最高の形式まで、すべての領域を含んでいる。世界中のあらゆる国、あらゆる宗教でみられる礼拝はすべて愛というもので順序づけられている。単なる儀式であるものも数多くある。儀式ではないけれども、まだ愛ではない、低い段階にあるものもある。それでもこれらの儀式は必要だ。バクティのこの外的な部分は魂の前進を助けるために絶対必要だ。自分が最高の状態まで一跳びで到達できると考えているとしたら、大きな間違いだ。赤ん坊が、自分は一日で老人になると考えるとしたら、それは間違いだ。そして、私は、あなたがたが、宗教は書物の中にも、知的に同意することの中にも、推理の中にもないという考えをつねに心に抱いていていただきたいと思う。推理、理論、教義、信条、書物、宗教的な儀式はすべて宗教に至る補助に過ぎない。宗教そのものは悟りから成り立っている。私たちはみな「神はいます」という。あなたがたは神を見たことがあるか。これが問題なのだ。ある人が「神は天にいます」というのを聞く。あなたがたは、彼が神を見たかと尋ねる。もし見たといったら、あなたがたは笑って、彼は気違いだというだろう。大部分の人の場合、宗教はある種の知的な同意か、教義以上のものではない。私は今まで一度もこのような宗教を説いたことはないし、それを宗教と呼ぶこともないだろう。この種の宗教を持つよりは無神論者でいる方がましだ。宗教は知的な同意とか不同意とかには依存しない。あなたがたは魂はあるという。魂を見たことがあるか。私たちがみな魂を持ち、それを見たことがないというのはどういうことなのか。あなたがたはこの質問に答えなければならないし、魂を見る方法を発見しなければならない。もしできなければ、宗教について話すことは無駄だ。もし、何かの宗教が真実だとしたら、それは私たちに魂を示し、私たちの中にある神と真理を示すことができなければならない。もし、私とあなたがたがこれらの教義や信条について永久に争ったとしても、決して何らかの結論に達することはないだろう。人びとは長年このように闘ってきたが、結果はどうか。知性は決してそこに到達することはない。私たちは知性を越えていかなければならないのだ。宗教の証明は直観の中にある。壁の証明は私たちがそれを見ることにある。もし、私たちがすわり込んで、その壁の存在や非存在について長年にわたって議論したとしても、何かの結論に到達することはない。しかし、直接壁を見れば、それで十分だ。世界中の人がみなそんなものは存在しないといったとしても、あなたがたは彼らを信じないだろう。あなたがた自身の目の証拠が、世界中のすべての教義や信条の証拠よりも優っているということをあなたがたは知っているからだ。

宗教的になるためには、書物をまず船から捨てなければならない。書物を読まなければ読まないほどよい。一時に一事だけをせよ。現代にあっては、西欧諸国では脳みそのごったまぜを作ることがはやっている。あらゆる種類の不消化の観念が脳の中を暴れまわり、混沌を生じ、落ち着いてハッキリした形を形成する機会を持つことができないでいる。多くの場合、それは一種の病気にはなるが、宗教ではまったくない。そこで、中には神経的な感覚を求める人びともいる。彼らに、見えない状態で存在し、彼らを見張っている幽霊とか、北極や、ほかのどこか遠いところからやってくる、羽を持ったり、グロテスクな格好をした人びとについて語り、彼らをぞっとさせたら、彼らは満足して家に帰るだろう。しかし、二四時間もたたないうちに、また新しい感覚を受け入れる準備をしているだろう。ある人びとが宗教と呼んでいるのはこれだ。これは精神病院に通じる道で、宗教に通じる道ではない。あなたが たが一世紀もこの道を歩み続ければ、この国は巨大な精神病院と化するだろう。弱虫は主に到達することはできない。そして、このぞっとさせるようなものは弱さに通じるものだ。したがってこのようなものには、一指たりとも触れてはいけない。それらは、人を弱くし、脳をかき乱し、心を弱め、魂を堕落させ、そして、救いようもない混乱をその結果としてもたらすだけだ。あなたがたは、宗教が、お喋りや、教義や、本の中にあるのではなく、悟りの中にあるということを銘記しなければならない。それは、知ることではなく、在ることだ。「盗むな」はみな知っている。だが、それがどうだというのだ。盗まなかったひとが、それを本当に知ったのだ。「人を害してはならない」ということはみな知っている。だが、それに何の価値があるか。害しなかった人がそれを悟ったのだ。彼らはそれを知り、その上に彼らの性格を築いたのだ。だから、私たちは宗教を悟らなければならない。そして、宗教のこの悟りは長い道のりだ。人びとは、何か非常に高級ですばらしいもののことを聞くと、みな、それがすぐに得られるものだと思いこみ、その高みに至るまで、努力して徐々に進まなければならないということを考えるために、一瞬たりとも立ち止まろうとはしない。彼らはみなそこまで跳び上がりたがるのだ。もしそれが最高のものだとしたら、私たちこそそれにふさわしいと思う。私たちは、自分たちが力を持っているかどうかを考えるために立ち止まろうとは決してしない。その結果は、私たちは何もしないということだ。あなたがたはくま手に人を乗せて、そこまで押し上げてやることはできない。私たちは皆少しずつやりとげてゆかなければならないのだ。したがって、宗教の最初の部分はこのヴァイディ・ヴァクティ信仰の低い段階だ。

信仰のこれら低い段階とは何か。それらが何であるかを説明する前に、私はひとつの質問をしたいと思う。あなたがたは皆、神がいます、そして、神は遍在する実在だという。しかし、あなたがたの遍在という観念は何なのか。答えとして、あなたがたは、目を閉じて、それがどのようなものであるかをいうだけに過ぎない。そして、あなたがたは何を見いだすか。あなたがたは、それまでに見たことのある、海とか、青空とか、草原の広がりのようなものを思い浮かべるだろう。もしそうだとしたら、あなたがたは「遍在する神」によって、何の意味のあることも言ってはいない。あなたがたにとって、それはまったく何の意味もない。神の他の属性についても同じことだ。一般的に、全能とか全知について、私たちはどのような観念を持っているだろうか。何も持っていない。宗教とは悟ることだ。そして、あなたがたが神の観念を悟ることができたとき、私はあなたがたを神の礼拝者と呼ぼう。それまでは、あなたがたが知っているのは言葉のスペリングだけで、それ以上のものではない。そして、私たちが悟ることのできる、この状態に到達するために、具体的なものを通らなければならない。ちょうど、子供たちがまず具体的なものから出発し、それから徐々に抽象的なものに進むように。もし、赤ん坊に五かける二は一〇を教えたとしても、理解できないだろう。でも、一〇個のものでどうして五かける二は一〇なのかを見せてやれば、赤ん坊は理解するだろう。それは、ゆっくりとした、長い過程だ。私たちはここではみな赤ん坊だ。私たちは年をとっていて、世界中の本を勉強したかもしれない。しかし、この霊性の領域ではみな赤ん坊だ。宗教を宗教とするのはこの悟りの力だ。教義や、哲学や、倫理学説をいくらたくさん頭に詰め込もうと、たいして問題にはならない。問題になるのは、あなたが何であるか、何を悟ったかということだけだ。私たちは教義や信条を学んできたが、これまでの人生で何も悟らなかった。形式と言葉、祈りと儀式によって、具体的なもので、今、始めなければならない。そして、これら具体的な形式は何千とある。ひとつの形式がすべての人に合っているわけではない。神像に助けられる、人びともいればそうでない人びともいる。外にある神像を必要とする人びともいれば心の中の神像を必要とする人びともいる。心の中に持っている人は言う、「私は優れている人間だ。なぜなら、神が心の中にいますとき、それはよい。外部にあるとき、それは偶像崇拝主義だ。私はそれと闘うぞ」と。神像を教会や寺院という形式の中におくとき、彼はそれを神聖なものだと思う。しかし、それが人の姿の中にあるとき、彼はそれをただ恐ろしいと考える。

このように、心がこの具体性という訓練を受けるものには様々な形式がある。そこから、私たちは、一歩一歩、抽象的なものの理解、抽象的な悟りへと進んでゆく。再び言うが、同じ形式がすべての人に合っているわけではない。ある形式があなたに合っているし、別の形式がほかの誰かに合っているだろう、等々。同じ目標に通じているにしても、すべての形式が私たち皆に合っているわけではない。ここに私たちが犯しやすい別の過ちがある。私の理想はあなたに適していない。それなら、なぜ、私はあなたがたにそれを強制する必要があろうか。私の教会の建て方や賛歌の読み方はあなたに合っていない。それなら、なぜ、私はあなたにそれを強制する必要があろうか。世界を回ってごらん。馬鹿どもが皆、自分の形式だけが唯一正しい、ほかの形式はみな悪魔のものだ、そして、自分だけがこの世界に生まれた唯一の「選民」だと言うだろう。これらすべての形式はみな良いもので、役に立っている。そして、人間の性質にはさまざまの種類があるように、宗教にも数多くの形式が必要だ。そしてその数が多ければ多いほど世の中にとってはよい。世界中に二〇の宗教の形式があれば非常にけっこうだ。四〇〇あればなおけっこうだ。より多くの中から選択できるからだ。だから、宗教と、宗教的な観念の数が増えて、何倍にもなれば私たちは喜んだ方がよい。なぜなら、そうなればそれらがすべての人を含み、人類をよりいっそう助けてくれるからだ。すべての人がほかの人とまったく異なった、自分自身の宗教を持てるほど宗教の数が増えたら、神にとってはどんなによかろう。これがバクティ・ヨーガの観念だ。

その最終的な観念は、私の宗教はあなたのものではありえないし、あなたの宗教は私のものではありえないということだ。目標と目的は同じだが、それぞれの人はその性癖にしたがって、別々の道を取らなければならないのだ。そして、これらの道はさまざまであるが、それぞれの道はみな真実でなければならない。それぞれが同じ目標に通じているからだ。ひとつだけが真実で、ほかは間違いだということはありえない。自分自身の道を選ぶことは、バクティの用語では、イシュタ、選ばれた道と呼ばれている。

それから、言葉がある。あなたがたはこの言葉の力について聞いたことがあるだろう。言葉は本当にすばらしい。聖書、コーラン、ヴェーダなどの聖典は言葉の力で満ちあふれている。ある言葉は人間性の上にすばらしい力を及ぼしている。それから、他の形式や象徴がある。象徴は人類の心に大きな影響を与えてきた。しかし、宗教の中の偉大な象徴は偶然にできたものではない。私たちには、それらが思想の自然の表現だということが分かる。私たちは象徴を使って考える。すべての言葉はその背後にある思想の象徴に過ぎない。そして、民族が違えば理由を知らずに違う象徴を用いるようになる。それは隠れている。これらの象徴は思想と結びついている。思想が象徴を外に引き出すように、象徴は、逆に、思想を内に引き入れることができる。このように、バクティのこの部分は、象徴と言葉と祈りというさまざまの主題について告げる。

すべての宗教に祈りがある。しかし、ここで銘記しておかなければならないのは、健康や富を求めてする祈りはバクティではないということだ。それは皆カルマであり、報償を求める行為だ。実質的な利益を求めてする祈り、例えば、天国へ行くことを求めてする祈りなどはカルマに過ぎない。神を愛し、バクタになることを求める人びとはこのような祈りをすべて捨てなければならない。光の国に入りたいと思う人は、この売り買いの、「商売」の宗教を全部束にして脇へ寄せ、それから、門に入りなさい。あなたがたが祈り求めるものが得られないからではない。何でも得られるだろう。だがそれは卑しく、低俗な、乞食の宗教だ。ガンジスの岸辺に住みながら、水を求めて小さな井戸を掘る者は本当に馬鹿だ。ダイヤモンドの鉱山に来ていながら、ガラス玉を探す者は本当に馬鹿だ。ダイヤモンドの鉱山である神に、健康や、夕食や、一枚の布切れを乞うとは何たることだ！　それらはこの世のガラス玉にすぎない！　この肉体はいつかは滅びる。その肉体の健康を何度も何度も祈って何になるというのだ。健康や富が何だというのだ。大富豪だって、自分の富のほんのわずかしか使えない。私たちはこの世にあるものすべてを手に入れることは決してできない。できないからといって、気にする必要があろうか。この肉体は消滅する。そんなものを誰が気にするというのか。なにか良いものがきたら、大歓迎。それが行ってしまうのなら、よろしい。行かせてやろう。それらが来るならけっこうだ。それらが行っても、やっぱりけっこうだ。私たちは神を悟ろうとしているのだ。王の中の王の面前に行きたいと努力しているのだ。乞食の衣装ではそこへは行けない。乞食の衣服で皇帝の面前に出たいと願ったとして、果たして、受け入れられるだろうか。もちろん違う。追い払われてしまうだろう。私たちの神は、帝王の中の帝王だ。私たちは乞食のぼろでその御前に行くことはできない。商人もいまだかってそこに受け入れられたことはなかった。売買はそこでは役に立たないからだ。聖書にあるように、イエスは神殿から商売人たちを追い払った。それなのに、ある人びとは「おお、主よ。わたしはこの小さい祈りをあなたにお捧げします。お返しに私に新しい洋服をお与え下さい。おお、主よ。私の頭痛をお治し下さい。明日はもう二時間お祈りします」あなたがたの心の状態よりもう少し高く自分を置きなさい。祈り求める小さなものより自分を高く考えなさい。人が精神的エネルギーの全部をそんなものの祈りに使うとしたら、人と動物の違いはどこにあるというのか。

バクタになる最初の課題は、そのような願い、たとえ天国に行きたいという願いであろうと、全部投げ捨ててしまうことだ。天国は、それ自体では、ここと同じようなところ、ほんのちょっとだけよいところだろう。私たちはここでわずかばかりの不幸と幸福を持っている。それだけだ。天国では、たぶん、今より少し少ない不幸と、少し多い幸福を持つのかもしれない。そこに、ここにあるより多くの光があるわけではなかろう。それは私たちの良い行為の結果に過ぎないだろう。クリスチャンたちの天国の観念は強い喜びが得られる場所というものだ。そんなものがどうして神に値するといえようか。問題は、どうしたらそのような欲望を全部捨て去ることができるかということにある。これらの欲望が人を不幸にする。人間はこれらの欲望に縛られた奴隷だ、欲望の手の中でおもちゃのようにころげ回っている操り人形だ。私たちは、どんなものによっても打ちのめされるこの肉体をいつも気に掛けている。だから、絶えざる恐怖の中で生きている。シカは、恐怖のために、平均、日に一〇〇～一一〇キロも逃げ回らなければならないということを、何かで読んだことがある。何キロも走りに走り、やがて立ち止まり、何かを食べる。だが、私たちはシカよりも悪い状態にいることを知らなければならない。シカはしばし休息できるが、私たちはできない。シカは草を十分に食べれば満足する。しかし、私たちはつねに欲望を増大させている。欲望を増大させることは私たちの病的な傾向だ。私たちは余りにも狂い、不自然になってしまったため、自然のものは私たちを満足させない。私たちはつねに病的なもの、不自然な刺激、不自然な食べ物、飲み物、環境、生き方を追い求めている。私たちは呼吸できるようになっている空気をまず汚染している。恐怖についていえば、私たちの生活は恐怖の塊以外の何ものであろうか。シカは、トラやオオカミの恐怖のように一種類のものを恐れるだけだ。人間は全宇宙を恐れている。

この状態から私たち自身を解放する方法、これが問題だ。実利主義者たちは立ち上がって言うだろう。「神や未来について語るのを止めよ。それらについて私たちは何も知らないのだ。この世で幸福に生きようではないか」と。可能ならば、私はまっさきにそうしたい。しかし、この世界は私たちにそうはさせてくれないだろう。あなたがたが自然の奴隷である限り、どうしてそんなことができようか。もがけばもがくほど、ますます巻き込まれてしまうのだ。何のためか、何年になるか私は知らないが、あなたがたはいろいろな計画を練ってきた。だが、ひとつの計画の終わりにはことはいっそう悪くなっているように思える。二〇〇年前には、旧世界の人びとはほとんど欲望は持っていなかった。しかし、知識が算術級数的に増えるにつれて、欲望は幾何級数的にふえてきた。救いでは、少なくとも天国では、私たちの欲望は満たされるだろうと考え、それで天国に行くことを望むのだ。この永遠の、消えることのない渇き！ つねに何かを求めている！ 人は、乞食のとき、金を求める。金があると、他のもの、社会を求め、そのあとは、またほかの何かを求める。休む間もない。どうしたら、この欲望の炎を消すことができるのだろう。天国に行ったとしても、欲望は増えるだけだろう。貧乏人が金持ちになっても、欲望は消せない。火に油をそそぐようなもので、火勢が強くなるだけだ。天国に行くことは、ますます金持ちになることを意味し、そして欲望はますます強くなる。世界中のさまざまの聖典の中には、天の神々がする人間的な遊びの物語が書いてある。彼らはそこで必ずしも善ではない。結局のところ、この天国に行きたいという欲望は、快楽を求める欲望である。この欲望を放棄しなければならない。天国に行きたいと思うことは余りにもちっぽけで、低俗すぎる。それは、億万長者になり、人びとに君臨しようと思うのと同じことだ。この種の天国はたくさんある。しかし、そこを通っては宗教と愛の門にはいる権利を得ることはできないのだ。

第五章　象徴のタイプ

プラティーカ、プラティマーというサンスクリットの言葉がある。プラティーカは、そのほうに向かう、近づくという意味だ。すべての宗教に、さまざまの段階の礼拝があるのが見られる。たとえば、この国では、聖者の像を礼拝する人びとがおり、ある形、ある象徴を礼拝する人びともいる。また、さまざまの存在を礼拝する人びともいる。それらは人よりも高等で、その数は急激にふえている。死霊の礼拝者たちだ。ここにはなんでもそのような人びとが約八〇〇万人もいるということを読んだ。また、天使や神々など、もっと高度なものを礼拝している人びとがいる。バクティ・ヨーガはこれらさまざまの段階にあるものの何かを否定するものではないが、それらはみなひとつの名前でくくられている。プラティーカの礼拝である。彼らは神を礼拝しているのではなく、プラティーカという、何か神に近いものを礼拝している。彼らはこれらすべてのものを通して神に向かって努力しているのだ。このプラティーカの礼拝は私たちを救いと解脱に導くことはできず、ある特定のものを私たちに与えることができるだけであり、そのものを求めて私たちはそれらを拝む。たとえば、ある人が死んだ先祖や友だちを礼拝すれば、ある種の力や情報を彼らから得ることができるかもしれない。このような礼拝の対象から得られる特別の贈り物はヴィドヤ、つまり特別の知識と呼ばれる。しかし、最高の目的である解脱は神ご当人の礼拝によってだけもたらされる。ヴェーダの解釈において、東洋学者の中には、そこでは人格神さえもがプラティーカだと考える人もいるが、そういう意味はない。人格神をプラティーカととられるかもしれない。しかし、プラティーカは人格神でも、非人格神でもない。それらを神として礼拝することはできない。そこで、もし、人びとが天使として、あるいは先祖として、あるいは聖なる人（マハートマーや聖人など）として、あるいは死者の霊として、これらさまざまのプラティーカを礼拝することによって解脱することができると思ったら、大間違いだ。せいぜいそれらを通じて何らかの力に近づくことはできるが、彼らを解脱させることができるのは神だけだ。しかし、だからといって、それらの人びとを非難してはならない。彼らの礼拝は何らかの結果をもたらす。何かより高いものの存在を理解できない人も、これらのプラティーカからある種の力、ある種の喜びを得ることはできるかもしれないのだ。しかし、長い経験を積み、解脱の準備ができているだろうときに、おのれの意志でこれらのプラティーカを放棄するようになるだろう。

これらさまざまのプラティーカのうちでもっともありふれた形式は死んだ友人の礼拝だ。人間性においては友人に対する個人的な愛は非常に強いので、友人が死ぬと、私たちは彼らにもう一度会いたいと願う。私たちは彼らのからだにしがみつく。わたしたちは彼らの肉体は、生きているとき、絶えず変化していることを忘れている。彼らが死ぬと、私たちは、彼らが変わらないものになったと思い、そのような彼らに会いたいと思う。それだけではない。私にその友だちないし息子があって、彼ができそこないであっても、彼が死ぬと、生きていたときは邪心のない人だったと思い、かれは私の神となる。インドでは、赤ん坊が死ぬと、火葬にしないで、土葬し、その上に神殿を築く人びとがいる。赤ん坊はその神殿の神となる。これはあらゆる国で非常にありがちな宗教の形式だ。そして、これがすべての宗教の起源だと考える哲学者が少なからずいる。もちろん彼らはそれを証明できない。しかし、このプラティーカの礼拝は決して救いや解脱に導くことはできないことを記憶しておかなければならない。第二に、これは非常に危険だ。その危険というのは、プラティーカ、すなわち「近づきの段階」は、これまで私たちをかなりの段階まで導いてきて、それはけっこうだが、一〇〇のうち九九までは、一生プラティーカに執着してしまうということだ。教会に生まれるのはけっこうだが、そこで死ぬのは非常に良くない。もっとはっきりいうと、ある宗派の中で生まれその訓練を受けるのは非常にけっこうだ。それは私たちのより高い性質を育ててくれる。しかし、ほとんどの場合、私たちはその小さい宗派の中で死んでしまい、そこから出たり、成長したりすることはない。これがすべてのプラティーカ礼拝の持つ大きな危険だ。これらはみな通らなければならない過程だという人がいるが、しかし、彼が年老いたとき、なおかつそれらに執着しているのを見る。若者が教会に行かなかったら、それは非難されるべきだ。しかし、老人がまだ教会に行っているとしたら、彼も非難されるべきだ。彼はもう、そんな子供の遊びと関係はなく、教会は彼をもっと高い境地に持ち上げていなければならない。そんな老齢にあって、形式やプラティーカや、そんな予備的な問題に何の関係があろうか。

「聖典礼拝」はこのプラティーカの別の強い形式、もっとも強い形式だ。すべての国で聖典が神の座を占めていることを、あなたがたは知っているだろう。私の国でも、神が化身して人となったが、人に化身した神もヴェーダに従わなければならない、そして、彼の教えがヴェーダに合っていないとき、それらは受け入れられないとする宗派がある。ブッダはヒンドゥによって礼拝されている。しかし、もしあなたが「あなたがたはブッダを礼拝しているのに、なぜ彼のすべての教えに従わないのか」といったら、彼らは、ブッダの教えはヴェーダを否定しているからだと答えるだろう。これが「聖典礼拝」の意味だ。宗教的な書物の中にどんなに多くの嘘があろうとそれはかまわない。もしインドで、私が何か新しいことを教えたいと思い、私の権威をもとに私が思っているようにそれを述べたとしても、誰も聞きにこないだろう。しかし、ヴェーダから何かの章句を引き、それをごまかし、それにもっともありそうもない意味を与え、その中にある理性的なものはすべて打ち壊し、私自身の考えをヴェーダが言わんとしている考えだとして持ち出したとしたら、馬鹿者どもは皆群れをなして従うことだろう。そして、普通のクリスチャンが正気を失うほどに恐れさせるようなことを声高に説く、ある種のキリスト教を説く人びとがいるが、彼らは「これがキリストが言おうとしていたことなのだ」と言い、馬鹿者どもが皆彼らの周りにやってくる。人びとは、ヴェーダや聖書にないことは、何も欲しないのだ。これは神経の作用だ。新しくて衝撃的なことを聞くと、諸君はびっくりする。新しいものを見ると諸君はびっくりする。これは体質の問題だ。思想についてはなおさらだ。心は型にはまっているので、新しいことを取り上げると余りにも多くのストレスを受けるのだ。だから、心は型どうりのところから始めて、徐々にそれを取り上げるのだ。それは政策としてはよいが、道徳的には悪い。これらの改革者たちや諸君がリベラルな説教家と呼んでいる人びとが、この現代社会に引き起こしている不調和の塊を考えてみよ。クリスチャン・サイエンスの人びとによると、イエスは偉大な治療家だった。心霊主義者たちによると、かれは偉大な霊媒だった。神智学主義者たちによるとかれはマハートマーだった。これらはみな同じ原典から引き出されたものだ。ヴェーダの原文の中に「父がいった」「愛児よ。宇宙は太初においては有《う》(サット)のみであった。それは唯一であって、第二のものはなかった」(チャーンドーギヤ・ウパニシャド、六・二・一、中村元訳)という言葉がある。この原文のサットという言葉にさまざまな意味が与えられている。原子論者たちは、その言葉は「原子」を意味し、これらの原子から世界が生成したのだといっている。自然主義者たちは、それは「自然」を意味し、自然からすべてが生成したのだといっている。シューンニャ・ヴァーディン（虚無主義者）たちは、それは「無」または「ゼロ」を意味し、無からあらゆるものが生成したのだといっている。有神論者たちはそれが「神」を、アドヴァイティスト（非二元論者）たちは「絶対実在」を意味するといっている。しかも、みな同じ原典をかれらの権威として持ち出しているのだ。

これらが「聖典礼拝」の欠点だが、他方、それに大きな利点もある。それは、力を与える。聖典を持っていた宗派を除いてはさまざまな宗派はみな消滅してしまった。だれも彼らを殺してはいないようだ。君たちの中にはパーシー教徒たちのことを聞いた人がいると思う。彼らは古代ペルシャ人で一時期、一億人ものパーシー教徒がいた。彼らはアラブに征服され、故国では、現代のパーシーたちはイスラーム教徒になった。ひとにぎりの人びとがかれらの「聖典」を持って迫害からのがれ、その聖典が今も彼らを統合している。また、ユダヤ人たちを考えてみよう。もし彼らが「聖典」を持っていなかったら、彼らはこの世界の中に消え失せてしまっていただけだろう。しかし、その書物が彼らの活力を維持してくれた。もっとも恐るべき迫害にもかかわらず、タルムードはかれらを統合した。これが「聖典」の持つ大きな利点のひとつだ。つまり、それはすべてを、触れることのできる、便利な形に結晶させる。これはあらゆる偶像のうちで一番重宝なものだ。一冊の「聖典」を祭壇におきなさい、そうすれば、みんなが見るだろう。みなが読むよい本を。私は公平でないと思われる方がいるかもしれない。しかし、私の考えでは、善よりもより多くの悪を生み出していると思われる書物は多くの有害な教義に責任がある。もろもろの信条は、全部書物からもたらされた。そして、書物のみが世界中の迫害や狂信の責めを負わなければならない。現代にあっては、書物は至るところに嘘つきを作っている。私は外国のそれぞれの国にいる嘘つきの数の多さに驚いている。

次に考えなければならないのはプラティマー、つまりイメージの効用だ。世界中に何らかの形の偶像があることはご存じだろう。あるものは男性の形で——これは最良の形だ。もしイメージを礼拝したいと思ったら、私は動物や建物その他の形よりも男の姿のものを持ちたい。ある宗派ではある形がイメージの正しい種類だと思い、他の宗派はそれを悪いものだと考える。クリスチャンたちは、神がハトの姿をしてくるときにはよいと考える。しかし、ヒンドゥたちがいっているように、雌牛の形をしてくるときには非常に悪く、迷信だと思う。ユダヤ人たちは、上に二人の天使がすわり、中に書物が一冊入っている箱の形をした偶像ならよいと思う。しかし、それが女や男の形をしているときには恐ろしいものとされる。イスラーム教徒たちには、祈るときに、中に黒い石がおかれていて西を向いているカーバ神殿のイメージを心に描こうと思うなら、それは非常にけっこうだ。しかし、教会のかたちをしたイメージを描いたら偶像崇拝となる。これがイメージ礼拝の欠点だ。しかし、これらすべては必要な段階のように思える。また、聖典に関していえば、それを盲目的に信じないほどよい。

私たち自身が何を悟ったかが問題だ。イエスやブッダやモーゼが悟ったことは、私たちも自分自身で悟らないかぎり、私たちには何にもならない。部屋に閉じこもって、モーゼが食べたものを考えても、あなたの飢えは満たされない。また、モーゼが考えたことを考えてもその考えはあなたを救わない。私の考えはこの点では非常に根本的で徹底している。私は、あるときには、私がこれらすべての古代の教師たちに同意するとき自分は正しいと思い、別のときには、彼らが私に同意するとき、彼らが正しいと思う。私は独立自尊して考えることが正しいと思う。これら神聖な教師たちから完全に自由であれ。彼らを心から尊敬せよ。しかし、宗教は独立した探求として扱いなさい。彼らが彼らの光を見いだしたと同じように、私は自分の光を見いださなければならない。彼らが光を見いだしたからといって、そのことは私たちを全然満足させはしない。あなたは聖典にならなければならない。だからといって、聖典に従うものであってはならない。途上にあるひとつの光として、道しるべとして、目安として、聖典に敬意を払えばよろしい。これが聖典の持つ価値のすべてだ。しかし、これらのイメージや、他のものも本当に必要だ。心を集中させたり、考えを具体化しようとするとき、当然心にイメージを作る必要があることを知るだろう。そうせざるを得ないのだ。二種類の人は何のイメージもまったく必要としない——宗教のことを何も考えない動物のような人と、これらの段階を通りすぎた完全な人だ。この二点の間で、私たちは、内面か外面かに、何らかの理想を必要とする。その理想は、死んだ人か、生きている男女の形をとるだろう。これは人格とからだを礼拝することだが、極めて自然なことだ。私たちには具象化する傾向がある。もし具象化しなかったら、どうしてここにいることができるだろう。私たちは具象化した魂だ。だから、私たちは自分をここ、この地上に見いだすのだ。具象化が私たちをここにもたらし、また、ここから連れだしてくれる。それは「似たものは似たものによって癒やされる」ということだ。感覚的なものを追い求めることによって私たちは人間になり、どんなに逆のことを言おうと、私たちは人格的なものを礼拝するようにしばられている。「個人的になるな」と言うのは簡単だ。しかし、それを言う人は一般的にはもっとも個人的なのだ。特定の男女に対する彼の執着は非常に強い。彼らが死んでも愛着は去らない。彼は死を超えて彼らに従おうと思う。これは偶像崇拝だ。これが種《たね》だ――偶像崇拝のそもそもの原因だ。原因があるのでそれは何かの形をとって現れてくる。普通の男女に個人的な愛着を持つより、キリストやブッダのイメージに愛着をもつ方がいいのではないだろうか。西洋の人びとは「キリストの像の前にひざまずくのは非常に悪い」という。しかし、彼らは女の前に膝まずいて、「あなたは私の命だ、私の命の光だ、私の目の光だ、私の魂だ！」と言っているではないか。これは偶像崇拝より悪い。「私の魂、私の命」についてのこのおしゃべりはいったいなにか。五日もするとそれは消え失せてしまう。それは感覚への執着にすぎない。それは、山のような花におおわれた利己愛か、もっと悪いものだ。詩人はそれに美しい名を与え、ラベンダーの水をその上から注ぐが、ただそれだけのものに過ぎない。それよりもブッダや勝利者ジナの像の前に膝まずいて、「あなたは私の命です」といったほうがましではないのか？　私なら一〇〇回もそうするだろう。

西欧の国々では認められていないが、私たちの聖典で教えられている、別の種類のプラティーカがある。それは心を神として礼拝することだ。神として礼拝されるものはすべてひとつの段階、いわば、神ご自身に近づくことだ。「アルンダティー」（大熊座中の小星）という小さい星を見たいと思う人には、まず、その近くにある大きい星が示される。それに注意が定まったとき、次のより小さい星が示される。この過程がくりかえされて、最後に「アルンダティー」にまで導かれる。同じようにして、これらすべてのさまざまのプラティーカとプラティマーは神へと通じている。ブッダとキリストの礼拝はみなプラティーカ礼拝、神の礼拝に近づくことだ。しかし、このブッダとキリストの礼拝は人を救うものではない。彼はそれらを超えて、キリストあるいはブッダとして自らを現した神そのものへと行かねばならない。ひとり神だけが私たちに自由（解脱）を与えてくれるからだ。これらは神と見なされるべきだ、これらはプラティーカでなく、神そのものだ、という哲学者も中にはいる。しかしながら、私たちはこれらすべてのさまざまのプラティーカを、つまりこれらさまざまの接近する段階を通ることができるし、それらによって損なわれることはない。しかし、これらのさまざまのプラティーカを礼拝しながら、自分たちは神を礼拝していると考えるならば、われわれは間違っている。もし、イエス・キリストを礼拝し、そのことによって自分が救われると考えるとしたら、その人は完全に間違っている。偶像や、幽霊や、死者の霊を礼拝することによって救われると思ったとしたら、その人は完全に間違っている。しかし、その中に神を見るなら何を礼拝してもよい。偶像のことを忘れ、そこに神を見なさい。神の上に何かを投影しないで、あなたが好むものの中に神を注入しなさい。つまり、あなたは神をあなたが礼拝する形に限定しないで、あなたが礼拝するすべての形を神で満たしなさい。そのようにすれば、あなたは猫の中にさえ神を礼拝できる。猫を忘れ、その中に神を祀《まつ》れば、それでよい。なぜなら、「すべては神からやってくる」からだ。神はすべての中にいる。神として絵を礼拝するのはよいが、神をその絵として礼拝してはならない。絵の中にいる神ならよいが、絵としての神はよくない。猫の中にいる神はまったくけっこうだ。そこには危険は何もない。これがほんとうの神の礼拝だ。しかし、猫‐神は単なるプラティーカだ。

バクティにおいて、次に考えるべき重要なことは「言葉」――ナーマシャクティ、つまり名前の持つ力だ。全宇宙は名前と形から構成されている。宇宙は名前と形の合成か、あるいは、名前だけから構成されていて、形は心的なイメージであるかのどちらかだ。したがって、結局、名前と形以外のものはない。私たちは、神は形や姿を持っていないと信じている。しかし、神について考え始めるやいなや、私たちは神に名前と形を与えてしまう。チッタ（心、精神）は静かな湖のようなものだ。そして、もろもろの考えはチッタの上の波のようなものだ。そして、これらの波が立つ通常の仕方が名前と形である。波は名前と形なしには起こり得ない。「一定の形」を考えることはできない。それは思考を超越している。それが思考と物質になるやいなや、名前と形を持たなければならない。われわれはそれらを引き離すことはできない。多くの書物に、神はこの宇宙を「言葉」から創造したと書かれている。サンスクリットのシャブダ・ブラフマーは、キリスト教の言葉についての理論に相当する。このインドの古い理論はインドの説教師たちによってアレクサンドリヤにもたらされ、そこに根付いた。このようにして、言葉の観念と化身とがいっしょになって、そこに定着した。神が言葉からすべてを創造したという思想はふかい意味を持っている。無形の存在である神、これが、形の投影、すなわち創造を記述する一番よい方法だ。創造に該当するサンスクリットの言葉はシュリシュティ、放射、投影だ。「神は無からものを創造した！」というのはまったく無意味だ。宇宙は神から投影されたのだ。神は宇宙となり、宇宙はすべて神に戻る。そして、再び進み、再び戻る。永久を通してこのように進むのだ。

心の中の、何かの投影は、名前と形がないわけにはいかないということをみた。仮に、君の心が完全に静まって、思いがまったくなかったとせよ。しかし、思いが起きるやいなや、心はすぐに名前と形をとる。すべての思いは何らかの名前と形を持っている。したがって創造という事実そのものは、投影という事実そのものは、必ず名前と形と結び付いている。このようにして、人が持つ、または、持ち得る観念は、それに対応するものとして何らかの言葉を持っているということを知る。したがって、この宇宙が心の所産だ、ちょうどあなたのからだがあなたの観念の所産であるように——あなたの観念は、いわば具体的につくられ、外面化されている。もしそれが真実なら、さらに全宇宙は同一の設計によってつくられたのである。そして、もしひとつの原子がつくられる方法を知っているなら、あなたは全宇宙が築き上げられた方法を知ったことになる。あなた自身の体の中で、体が具体的な形を構成し、観念が内部の微細な部分を構成していること、そして、両者は永久に不可分であること、そして、あなたが体をもつのをやめるとき、観念を失うことも事実である。あなたはそれを毎日見ることができる。脳が乱れるとき、観念も乱れる。両者は、それぞれ微細な部分、粗大な部分からなる、ひとつのものであるからだ。物質と心という二つのものがあるのではない。空気の高い層には、同じ要素の密度の高い、希薄になった層——空気があり、高く上れば上るほど、空気は希薄になる。肉体についても同様で、全体にわたって貫くひとつのもので、層の上に層があり、粗大から微細にわたっている。また、肉体はツメのようなものだ。ツメは切ってもまた成長してくるが、同様に、私たちの微妙な観念から、肉体が次から次へと成長してくる。ものが精妙であればあるほどそれは持続性を持つようになる。そのようなことはいつでも見るところである。粗大であればあるほど、持続性は少なくなる。そこで、形は粗大で名前は希薄な状態にある「思想」と呼ばれる単一の顕現する力を見いだす。けれども、これらの三つのものはひとつなのだ。それはトリニティ（三位一体）であると同時にユニティ（合一体）だ。同じものの、こまかい、もっと凝縮した、もっとも濃縮した、という三段階だ。そのうちのひとつがあるところには他のものもある。名前のあるところには、形と思想がある。したがって、宇宙が肉体と同じ設計で作り上げられているとしたら、宇宙もまた、形、名前、思想という、これら三つの局面を持っているに違いない。「思想」は宇宙のもっとも精妙な、本当の起動力であり、それが神と呼ばれる。肉体の背後にある「思想」は魂と呼ばれ、宇宙の背後にある「思想」は神と呼ばれる。その次にくるものが名前であり、最後に私たちが見たり、触れたりする形がくる。たとえば、あなたは特定の個人、この大宇宙の中の小宇宙だ。特定の形を持った肉体だ。そして、その背後に誰それという名前を持っている。またその背後に「思想」がある。無限に増加するこの全宇宙がある。その背後に名前が――この全宇宙を投影する名前――「言葉」がある。そして、その背後に神、宇宙的思考、またはサーンキヤ哲学で「マハト」と呼ばれる宇宙意識がある。この名前はいったい何か？　何らかの名前がなければならない。世界は同質のものから成り立っている。そして現代科学は、全宇宙と同様に、それぞれの原子は同じ物質から成り立っているということを、疑いのないものとしている。もしあなたが一塊の粘土を知るなら、全宇宙を知るのだ。もしあなたがこのテーブルをその属性を含めて完全に知ったなら、全宇宙を知ったのだ。人間はこの宇宙のもっとも代表的な存在だ――それ自身がミクロコスモス、小宇宙だ。したがって、私たちは人の中に形をみ、その背後に名前を、その背後に思想を思考する存在をみいだす。したがって、この宇宙は完全に同じ設計の上に作られているに違いない。問題は、その名前は何かということだ。ヒンドゥによると、その言葉はオームだ。古代エジプト人たちもそれを信じていた。「行者が」ブラフマチャリヤ（純潔）を修するところのその語をわたしは要約して語ろう。「それはオームである」「オーム。じつにこの音節はブラフマンである。この音節はじつに最高者である。じつにこの音節を知ったならば、だれが何ものを望もうとも、それはその人のものとなる」（「カタ・ウパニッシャッド」二・一五〜一六、中村元訳）このオームは、全宇宙の名、すなわち神の名に相当する。それは外部の世界と神との中間にあって、両者を代表している。しかし、私たちはこの宇宙を断片として、接触、色、味など、異なる感覚にしたがって――ほかにもさまざまの方法で受け取ることができる。それぞれの場合、私たちはこの宇宙からそれぞれの立場によって幾百万の宇宙を作り上げることができるが、それぞれは、それ自体で完全な宇宙であり、それぞれ名前と形と、背後の思想を持っている。これらの背後の思想がプラティーカだ。それぞれが名前を持っている。バクティ・ヨーガでは、さまざまの神聖な名前や言葉が用いられる。これらの名前はほとんど無限の力を持っている。これらの言葉をくり返すだけで、私たちが望むものは何でも獲られ、完成に達することができる。しかし、二つのことが必要だ。教師は素晴らしいひとでなければならないし、教えられるものもまたそうでなければならない。カタ・ウパニシャドはそういっている。このような名前は、正しい相伝をへて受領された人から与えられなければならない。師から弟子へと、この霊性の流れは、もっとも古い時代から力を持ち続けてきた。このような言葉を与える人はグルとよばれ、それが与えられる人はシスヤ、弟子と呼ばれる。この言葉が正しい方法で受け取られる、そしてそれがくり返されると、バクティ・ヨーガの道で大きな進歩が成しとげられる。単にこの言葉をくり返すだけで、バクティの最高の状態に達することさえできる。

「あなたは多くの名前を持っている。あなたはそれらが意味するところを知りたまう。そして、これらすべての名はみなあなたのものである。そして、それぞれの中にあなたの無限の力が宿っている。これらの名を繰り返すのに、時と場所を選ぶことはない。すべての時と場所は神聖だからである。あなたは心広く、恵みに満ちている。私があなたを愛することがなかったら、私はなんと不幸であっただろう」（シュリー・クリシュナ・チャイタニヤ）

第六章　理想神

前章で語ったイシュタ（理想神）の理論は注意深く見るに値するものである。この理論を正しく理解することによって、世界中のさまざまな宗教のすべてを理解できるからである。イシュタという言葉は、欲するとか、選ぶという意味のイシュ（ish）という語幹から派生している。すべての宗教・宗派の理想、人類の理想は同じだ。自由を達成し、悲惨を根絶することだ。宗教があるところには、必ずこの理想が何らかの形で働いていることが見いだされる。もちろん低い段階にある宗教の場合はあまりはっきりと表現されていないが、表現がはっきりとしていようがいまいが、それでもなおそれは私たちのすべてが近づこうとしている目標だ。私たちはみじめさ——日常的な、また、その他のみじめさを取り除いて、肉体的•精神的•霊的な自由に到達しようと努力している。これらを包括した考えの上で世界中が動いているのだ。目標は同じだが、そこに到達する道はたくさんあるだろう。そして、これらの道は私たちの性質によって決められる。ある人の性質は情的だ、別の人は知的だ、他の人は活動的だ、などというように。また、同じ性質の中にも、たくさんの小さな違いがある。たとえば、愛——これについて私たちは特にバクティという主題で関わっているのだが——について言えば、ある人は、生まれつき子供に対して強い愛を抱き、他の人は妻に、他の人は母親に、他の人は父親に、他の人は友だちに、強い愛を持っている。別の人は国を愛している。少数の人びとは広い意味で人類を愛している。この最後については、これが彼らの生を導く動機づけの力であるかのようにすべての人びとは語るにもかかわらず、このような人びとはもちろんきわめて少数だ。ほんのわずかの賢者たちがそれを経験している。人類のうちのわずかの偉大な魂たちがこの普遍的な愛を感じている。そして、この世界にこのような人びとがいなくならないように希望しようではないか。

ひとつの主題においても、目的を悟るのに数多くの道があることを見いだす。すべてのクリスチャンはキリストを信じている。しかし、キリストについて、なんとさまざまの説明があるか考えてみたまえ。それぞれの教会はキリストを異なった光で、異なった観点で見ている。プレスビテリアンの目は、キリストの生涯のうちで、両替人たちのところに行ったときの光景だけに集中している。彼はキリストを戦士と見ている。クエーカーに尋ねると、「キリストは敵を許した」と答えるだろう。ローマン・カトリックの人に、キリストの生涯のうちでどの点が一番喜ばしいかと尋ねれば、たぶん、「ペテロに鍵を渡したときだ」と言うだろう。それぞれの宗派はそれぞれの仕方でキリストを見るように縛られている。

したがって、同じ主題についても、数多くの分類、細分類があるということになる。無知な人びとはこれらの細分類のひとつを取り上げ、その上に足場を築いて、ほかの人びとが宇宙を自分の観点で解釈する権利を否定するばかりでなく、他の人びとは完全に誤っている、自分たちだけが正しいと、大胆にも主張する。反対に会うと、彼らは戦いを始める。そして、自分たちが信じていることを信じない奴は誰でも殺すと言う。過去に、ある種の狂信者たちはそのようにしたのであり、あるものたちは、今でもさまざまの国でやっていることだ。彼らは、自分たちは誠実であると信じ、他のすべての人びとを否定する。しかし、このバクティ・ヨーガで私たちが採ろうとしている立場は何か。私たちは、狂信者たちのように、他の人びとは間違っているとは言わないばかりか、自分自身の道にしたがっているすべての人は正しいと告げる。あなたの性質が採用するものがあなたに絶対に必要だとする道は、正しい道なのだ。前生の経験の結果、それぞれの人はそれぞれ独自の性質を持って生まれている。それを、生まれ変わった過去の経験と呼ぼうと、遺伝した過去と呼ぼうと、どちらでもよい。それをどう言おうと、私たちは過去の結果だ。何かが存在していたとしたら、これだけは確かだ。その過去がどのような道を通って来ようとも。したがって、私たち一人一人は結果であって、私たちの過去がその原因だ、ということになる。だから、私たちそれぞれが独得の行動、独得の傾向を持ち、おのおのが自分で自分の道を見つけなければならないのだ。

私たちがおのずから適応する道や方法は、「選ばれた道」と呼ばれる。これがイシュタの理論だ。私たちのその道を、私たちは自分のイシュタと呼ぶ。たとえば、ある人の神の観念は、宇宙の全能の支配者だというものだ。彼の性質はたぶんそのようなものなのだろう。彼はすべてを支配したがる威圧的な人間なのだ。だから当然神を全能の支配者だと考えるのだ。彼別の人で、学校の先生かなにかで、厳しい性格の人は、正義の神、懲罰の神のようなものとして以外には神を考えることができない。私たちはそれぞれ自分の性格にしたがって神を見る。私たちの性格によって条件づけられたこのヴィジョンが私たちのイシュタだ。私たちは、神のそのヴィジョンを見ることができるところまで自分自身を運んできたのだ。それだけのことだ。それ以外のヴィジョンを見ることはできない。あなたはときどき、ある人の教えが最善で、自分に一番合っていると思うだろう。翌日、友人の一人に、それを聞いてくるように頼む。しかし友人は、それがそれまでに聞いた最悪のものだと思って帰ってくる。彼が悪いのではない。彼と喧嘩しても無駄だ。教えは良かったのだ。しかし、彼には合っていなかったのだ。さらにいうと、真理は真理でありうるが、同時に誤りでもありうることを理解しなければならない。

これは最初は矛盾のように見えるかも知れないが、われわれは絶対の真理はひとつしかないが、すべての相対的な真理はさまざまにあることを銘記しなければならない。例として、この世界についてのあなたのヴィジョンを採ってみよう。この世界は絶対的な実在であり、変更不可能で、不変であり、どこもかしこも同じである。しかし、あなた、私、それに他の人びとは皆、自分自身の宇宙を聞き、見るのだ。太陽を採ってみよう。太陽はひとつだ。しかし、あなた、私、そして一〇〇人の他の人びとが異なった場所に立ってそれを見ると、私たちそれぞれは異なる太陽を見る。場所が少し変わると、人の見る太陽のヴィジョンは変わる。同様に、わずかの雰囲気の変化でヴィジョンは変わる。そのように相対的な知覚の場合も、真理はつねにさまざまに現れる。しかし、絶対の真理はひとつだけだ。したがって、あなたの宗教観とは異なる宗教について意見を他の人びとが述べているのを見つけたとき、あなたは彼らと戦う必要はないのだ。外面的には明らかに矛盾していても、あなた方は、両者共正しいかもしれないということを銘記しなければならない。太陽のひとつの中心に向かって収束する何百万本もの半径があるだろう。中心から遠くなればなるほど、どの二本の間の距離も遠くなる。しかし、それらが中心で集まったときには、すべての違いは消える。人類にも絶対的なゴールであるようなそのような中心がある。神がその中心だ。われわれはその半径だ。これらの半径の間の距離は本質的な制限であり、この制限を通してのみわれわれは神のヴィジョンをとらえることができる。われわれがこの平面に立つとき、それぞれの人は、絶対実在について異なる見解を持たざるをえないのである。したがってその限りにおいてすべての見解は正しく、誰も他人と争う必要はない。われわれの差異のただひとつの解決は、中心に近づくことの中にある。われわれが喧嘩して議論によってこれらの差異を埋めようとしても、何百年たっても結論には達しないということが分かるだろう。歴史がそれを証明している。唯一の解決策は、前進して中心に向かうことだ。早くすればするほど、それだけ早くわれわれの差異はなくなるだろう。

したがって、このイシュタの理論は、人が自分自身の宗教を選ぶことを許すという意味を持つ。人は自分が礼拝するものを他の人に強制してはならない。人間をひとつに集め、武器や力や論争で同じ囲いの中にごちゃごちゃに追い込み、同じ神を礼拝させようというすべての試みは失敗してきたし、つねに失敗するだろう。そうすることが本質的に不可能だからである。それだけでなく、それによって人間を亡ぼす危険がある。何かの宗教を求めてもがいている男女に出会わないということはほとんどないであろう。そして、どんなに多くの人びとが満足していないことか、というより、満足している人がどんなに少ないことか。何かを見つけた人などほとんどいない！　その理由は何か。それは、彼らの大部分が不可能な課題を追い求めているからだ。彼らは他の人びとの指図によってこれらの方法を採るように強制されている。たとえば、私が子供として生まれ、父が小さな本を私の手に渡して、神はこれこれだ、これはこれこれだ、と教えるとする。私の心にそれを押しつけるなどよけいなことだ。私がどの方向に発育してゆくか、どうして彼に知り得よう。彼は私の本来の発達について無知なのに、彼の考えを私の脳に無理に詰めこもうとする。その結果、彼は私の成長を阻むことになる。適していない土地で植物を育てることはできない。子供は自分自身で学ぶものだ。しかし、子供が自分自身の方法で前進するのを助けることはできる。あなたのできることは、積極的な事柄ではなく、消極的な事柄だ。あなたは障害物を取り除くことはできるが、知識はそれ自身の本性からやってくる。土を少しほぐせば、それは容易に芽を出すことができる。霜や雪やほかの何かによって駄目にならないように、周りに垣をめぐらせてやりなさい。そこまでがあなたの仕事だ。それ以上のことをしてはいけない。残りはそれ自体の本性の中から現れてくる。子供の教育についても同じだ。子供は自分自身を教育する。あなた方は私に話を聞きに来た。家に帰ったら、学んだものと、来る前に自身の心の中にあったものとを比較せよ。そうすれば、あなたも同じことを考えていたことを見いだすだろう。私はそれに対して表現を与えたに過ぎない。私はあなたに何も教えることはできない。あなたは自分で学ばなければならないのだ。しかし、たぶん私はその考えに表現を与えるのを助けることはできる。宗教についても同じだ。いやそれ以上だろう。宗教の場合、私は私自身の教師でなければならない。私の頭にあらゆる種類のむだごとを入れ込む権利が私の父にあるだろうか。私の頭にこれらのことを入れ込む権利が私の師にあろうか。私の頭にこれらのことを入れ込む権利が社会にあろうか。たぶん、それらは良いものだろう。しかし、それらは私の道ではないだろう。教え方が間違っているために、今日、何百万人の罪もない子供たちの内部の魂を殺しているという世界でなされているぞっとするような悪を考えてみよう。すばらしい霊的な真理となるはずの、何と多くの美しいものが、家族の宗教、社会の宗教、国家の宗教などという恐ろしい観念によって、つぼみのうちに摘み取られてきたことだろう！　あなたの幼年時代の宗教、またはあなたの国の宗教について、何とたくさんの迷信が今あなたの頭の中にあることだろう、そして、宗教が何というたくさんの悪をなすか、あるいはなしうるかを考えて見よ！　人は、自分が行うかもしれない悪の量を知らない。そして、知りえない方がよい。ひとたびそれを知ったなら、自殺するかもしれないからだ。それぞれの思想や行為の背後にどんな潜在的な力があるかを彼は知らないのだ。「馬鹿どもは、天使が足を入れるのを恐れるところに突進する」というのは本当のことだ。このことは最初から銘記しておかなければならない。どのようにしてか？　イシュタを信じることによってだ。理想はたくさんある。私には、何があなた方の理想であるかを言ったり、あなたに何らかの理想を強要したりする権利はない。私の義務は、あなたの前にこれらすべての理想を並べて、あなたが一番好むもの、あなたに最も適するものを、あなたの本来の性質によって判断することを助けることであろう。あなたにもっとも適しているものを選んで、それを持ちつづけることだ。それがあなたのイシュタ、あなたの特別の理想だ。

そのとき多数者の宗教などあり得ないことが分かるだろう。宗教のほんとうの働きは本人だけの関心であるべきだ。私には私自身の考えがある。私はそれを神聖なものとし、秘密にしておかなければならない。なぜなら、それがあなたの考えである必要はないことを私は知っているからだ。つぎに、皆に、何が私の考えであるかを教えて混乱を生じさせる必要はない。他の人びとがやって来て、私と戦うかもしれない。私がそれらを告げなければ彼らは私と言い争うことはできない。しかし、彼らに私の考えが何であるかを告げて回るなら、彼らは皆私に反対するだろう。したがって、それらについて話す必要がどこにあろうか。このイシュタは秘密にしておかなければならない。それはあなたと神との間のものだ。宗教のすべての理論的な部分は公衆に説かれ、大衆化することはできるが、より高い宗教は大衆化されえない。私は、自分の宗教的な信念を五分間、人の注目にさらす用意はできていない。さらしものにした結果はどうなるか。それは宗教の嘲笑、最悪の涜神《とくしん》である。結果は、君が今日、教会の中に見いだすものである。この宗教の教練に人類はどうやって耐えるのか。まるで兵営の中の兵隊だ。捧《ささ》げ銃《つつ》、ひざまずけ、本を取れ。すべては正確に決められている。二分間の感情、二分間の理性、二分間の祈り。すべてが前もって決められている。これは恐るべきことであり、まったくの最初から避けられなければならないことだ。これらの儀式が宗教を駆逐してしまった。そしてあと数世紀も続いたら、宗教は存続しなくなるだろう。教会は心ゆくまで教義、理論、哲学を説教したらよい。しかし、宗教のほんとうの実践的な部分である礼拝については、イエスが言ったように、「あなたが祈るときは、奥まった自分の部屋に入って戸を閉め、隠れたところにおられるあなたの父に祈る」べきである。

そこで、このイシュタの理論を考えるとき、他人との争いを避け、霊性の生活で本当に実践的に進歩するためには、異なる本質の必要を宗教が実際的に満たすようにさせるのが唯一の道であることが分かるだろう。しかし、あなた方が私の言葉を誤解して秘密結社を作るのに使わないよう警告しなければならない。もし悪魔がいるなら、私は彼を秘密結社のドアの内側に探すだろう。悪魔は秘密結社の独特の発明である。秘密結社は悪魔的な組織である。このイシュタは神聖であるが、秘密ではない。なぜあなた方は自分のイシュタを他人に話してはいけないのか？　なぜなら、それはあなた自身の秘密の所有物だからである。それは他の人びとを助けるかもしれないが、むしろ傷つけることはないとどうやって知ることができるか。その人の性質が、人格神を礼拝することができず、自分の最高の自己を人格神として礼拝できるだけだというような人がいるかもしれない。彼をあなた方の中に置き去りにして、彼が、人格神などは存在しない、あなたまたは私の中に自己としてのみ神が存在するのだ、とあなたに告げるとしたらどうだろうか。あなたはショックを受けるだろう。彼の考えは神聖であるが秘密ではない。神の真理を説くために秘密結社を形成した偉大な宗教または偉大な教師はいたことはない。インドにはそのような秘密結社はない。それらはみな西洋の考えだ。彼らはインドにそれを押しつけたがっている。私たちはそれらについて何も知らない。なぜインドに秘密結社がなければならないのか。ヨーロッパでは教会の見解に合致しない宗教について人びとが語ることは許されていなかった。そのため、これらの哀れな連中は、彼ら独自の礼拝を行うことができるように、隠れながら、秘密結社を形成しながら、山中をさ迷うことを余儀なくされた。インドでは、人が、宗教について他の人びとと異なる見解を持つために迫害された時代はなかった。秘密宗教結社という考えは、人が想像できる最も恐るべきものだ。秘密宗教結社がどんな害をもたらすか、それらがどんなに簡単に自由恋愛の社会に移行するか、人びとが他の男たちや女たちの思うつぼにはまるか、また、彼らの思想や行為における、将来の成長の可能性がいかに破壊されるか、などのことを知りうるほど十分に私はこの世の中を見てきた。あなた方の中には私がこのように語ることを不快に感じる人が何人かいるかも知れないが、私は真実を語らなければならない。たぶん、私の全生涯の間私に従う人は男女合せてわずか反ダースだろう。しかし、これらの人びとは、純粋かつ誠実な、ほんとうの男たち、女たちに違いない。私は群衆は欲しない。群衆が何をすることができようか。世界の歴史は、指で数えうるほどのほんの、数ダースの人びとによって作られた。残りはやじうまだった。これらすべての秘密結社やペテン師どもは、男たちや女たちを、不純で弱く、狭量にした。弱虫には意志がなく、働くことなどはできない。したがって、彼らは関係がない。これらすべては抑圧された情欲や、神秘に対する誤った愛であって、それらが心に浮かぶやいなや、すぐさま頭を殴りつけてやらなければならない。少しでも不純な者は宗教的になれない。膿んだ傷をバラの束で覆おうとしてはいけない。あなた方は神を欺けると思っているのか。誰にもできはしない。私に心のまっすぐな男たちや女たちを与えよ。そして、主よ、これらの幽霊や、空飛ぶ天使や悪魔から私を救って下さい。日々、ふつうであれ、よき人びとであれ。

私たちの中には、動物と共通に、肉体の機械的な動きである、「本能」というものがある。また、知性が事実を把握し、それらを一般化する、「理性」と呼ばれる、より高い案内者がいる。さらに「霊感」と呼ばれるもっと高い知識の形式がある。それは推論はしないが、物事を一瞬のうちに知る。これは知識の最高の形式である。しかし、君はそれをどのようにして本能と区別するのか。これは大きな困難である。現今ではあらゆる馬鹿者が来て、霊感を受けた、と言う。「私は霊感を持っている。だから私に台座を造ってくれ、大勢の人を私のまわりに集めろ、そして私を礼拝させろ」と。どうすれば霊感と詐欺を区別できるだろうか。まず、霊感は理性と矛盾してはならない。老人は子供とは矛盾しない。老人は子供が発達したものである。私たちが霊感と呼ぶものは理性の発達したものだ。直観の道は理性を通っている(直観という方法は理性を用いる)。霊感は理性と矛盾してはならない。矛盾しているときは、海に捨てよ。肉体の本能的な動きは理性に反しない。道を横切るとき、車にひかれないように、あなたは何と本能的にからだを動かすことか！　からだをそんなふうにして助けるなんて、ばかげている、と君の心は言うんだって？　そんなことはしない。ほんとうの霊感は理性とは絶対に矛盾しない。するとすれば、それはペテンに過ぎない。第二に、この霊感はすべての人の善のためであって、名声や個人的な利益のものではない。それはつねに世界の善のためであって、完全に無私である。これらのテストに合格したとき、それを霊感と見てもまったく安全だろう。世界の現在の状態では、百万人に一人も霊感を受けた者はいないことを、あなたは銘記しなければならない。現在は霊感を受けた者はほとんどないので、私はもっとあってほしいと思うし、あなた方のそれぞれがそうなってほしい。私たちは今、宗教をもてあそんでいるだけだ。霊感を得て私たちは宗教を持ち始めるのだ。聖パウロが言っているように、「今は、ガラスを通して見るように暗いが、いずれは顔と顔とを合わせて」見ることになる。しかし、現在の世界の状態ではその状態に到達する者はまれであり少数だ。しかし、今ほど、そんな馬鹿げた話が霊感にされてしまった時期はない。女は直感の能力を持っているが、男は理性によって徐々に上に昇ってゆく、と言われている。こんな、とっぴな話は信じない方がよい。女はたぶん、ヒステリーや神経質という独特の形式についてはより多くの権利を持っているだろうが、霊感を受けた男は女と同じ数だけいる。君はペテン師や詐欺師に利用されるより、不信心者として死んだ方がよい。理性の力は使うために与えられているのだ。では、それを適正に利用したことを見せたらよい。そうすることによって、あなたはより高次の事物を扱うことができるようになる。

私たちはつねに、神が愛であることをおぼえていなければならない。「ガンガーの岸辺に住みながら、水を求めて小さな井戸を掘る者は、ほんとうの馬鹿だ。ダイヤモンドの鉱山の近くに住みながら、ガラス玉を求めて一生を過ごす者はほんとうの馬鹿だ」神はそのダイヤモンドの鉱山だ。幽霊や、空飛ぶお化けや、その他あらゆる種類の無意味なおとぎ話のために神をあきらめる私たちはほんとうの馬鹿だ。絶えず不健全にお化けを恐れて生きたり、不思議なでき事に対する渇望を刺激することは、民族を堕落させ、神経と脳を弱める。これらの野蛮な物語は神経に不健全な緊張を強い、そんなものを求める民族を徐々に、かつ確実に堕落させる。神や純潔や神聖さや霊性を放棄して、こんながらくたを追い求めるとは何ということだ！　他人の思わくを読むとは！　全部の他人の思わくをぶっ続けに五分間も読まなければならないとしたら、私は気が違ってしまうだろう。強くあれ、立ち上がれ、そして愛の神を求めよ。これが最高の力なのだ。純潔の力より高い力があろうか。愛と純潔が世界を支配する。弱虫は神の愛に到達することはできない。だから、肉体的にも、精神的にも、道徳的にも、さらには霊的にも、弱くあってはならない。主だけが真実なのだ。それ以外のすべては真実ではない。主のために他のすべてを拒否しなければならない。「神を愛し、神のみに仕えよ。それ以外は虚栄の中の虚栄、すべては虚栄だ」

第七章　準備と至高のバクティ

（この話は一八九六年二月九日、ニューヨーク、マジソン・スクエア・コンサート・ホールでなされた）

人格神の観念は、若干の例外を除いて、ほとんどすべての宗教で見られる。たぶん、仏教とジャイナ教を除いて、世界のすべての宗教は人格神の観念を持っていた。人格神に伴って、信仰と礼拝の観念が生じる。仏教徒とジャイナ教徒は礼拝のための人格神を持ってはいないが、彼らは彼らの宗教の開祖を、他の宗教が人格神を礼拝するのとまったく同じように礼拝するに至った。愛されるべき、そして、その愛を人間に返すことのできる、何かの存在に対する信仰と礼拝は普遍的だ。この愛と信仰の観念は、さまざまの程度で、また、異なる段階を経て、さまざまの宗教の中に表現されてきている。もっとも低いのは祭式を中心とする段階である。この段階では抽象的な観念はほとんど手に負えないので、人びとはそのようなものはすべて具体的な形に還元して考える。形式とともにさまざまのシンボル（象徴）が役に立つのはこの段階である。すべての世界史を通じて、人間は思考の形態やシンボルを通して抽象的なものを把握しようとしているのが見られるし、そして、鐸鈴《たくれい》（大きな鈴）、音楽、儀式、聖典、像などの宗教の外的な付属物は、すべてその項目に含まれるのである。かくして、感覚に訴えるすべてのもの、人間が抽象的なものについて具体的なイメージをもつのに役立つものはすべて礼拝に供される。

あらゆる宗教において、ときどき、改革者が出現してきた。彼らはあらゆるシンボルや形式に反対したが、その企ては失敗に帰した。なぜなら、人間が人間である限り、その大多数は、すがるべき何か具体的なもの、彼らの観念をいわばその周りに配置するもの、彼らの心の中の思考形態の中心となるものをつねに欲するからである。ムスリム（イスラーム教徒）とキリスト教の中のプロテスタントは、この目的を達する偉大な試み、つまり、すべての儀式を捨てるという試みをした。しかし、彼らにあっても儀式が忍び込んでいるのが見られるのである。儀式は捨てられることはなかった。長期間の努力の末、大衆はひとつのシンボルを別のシンボルに変えたに過ぎなかった。ムスリムは非ムスリムが使っているあらゆる儀礼、あらゆる形式、像、それに儀式は罪悪であると考えるが、自分たちのカアバ神殿（メッカにあるイスラームの神殿）に行ったときにはそうは考えない。

すべての信仰のあついムスリムは、一日に五回の礼拝のときには、自分はカアバ神殿に立っていると想像しなければならないことになっている。そしてそこに巡礼で行くときは、壁にはめこまれた黒石に接吻しなければならない。そして、何百万人もの巡礼によって刻印されたすべての接吻は、最後の審判の日には、信仰のあつい者たちのための証人として立つのだ。それに、ザムザムの泉がある。その泉から少量の水をくんだ者は、誰であれ罪が赦され、新しいからだを得、復活の日以後永遠に生きる、とムスリムたちは信じている。

他の例では、シンボルは建物の形をとることがある。プロテスタントたちは教会がほかの場所よりも神聖だと考えている。彼らにとっては、教会はそのままでシンボルとなる。また、聖書がある。彼らには聖書はほかのシンボルよりも神聖である。プロテスタントたちにとっては十字架像が、カトリックの場合の聖人の像の位置を占める。シンボルを使うことに反対しても無駄だ。いったい全体、人が、これらのシンボルの背後にある意味を表現するために、彼らの持つシンボルを利用してはいけない理由がどこにあろうか。この宇宙はひとつのシンボルだ。宇宙の中で、または宇宙を通して、われわれは、宇宙を超えてあるものまた宇宙の背後にあるものの意味をつかもうと努力している。これが、より低い段階の人間の組織にとって必要なことであり、そしてわれわれはそれをそのまま持たなければならないように制限されているのだ。しかし同時に、われわれは、意味のあるものに、物質を超えた先に、霊的なものに、到達しようと努力しているのも事実だ。霊が目標であって、物質ではない。形式、像、鐸鈴、ロウソク、聖典、教会、神殿、そしてすべての聖なるシンボルは非常によいものであり、霊性の成長している植物には非常に役立つ。しかし、ここまでだ、これ以上ではない。大部分の場合では、その植物の生長は見られない。教会で生まれるのは非常にけっこうだが、そこで死ぬのは非常によくない。霊性の小さな植物を助ける、ある礼拝の形式をもった宗派の制限の中に生まれるのは非常にけっこうだが、人がこれらの形式の束縛の中でそのまま死んだら、それは、彼にあっては成長がなく、魂が成長しなかったという確実な証拠である。

　したがって、もしある人が、シンボル、儀式、形式が永遠に保たれるべきだというなら、それはよくない。だがもし彼が、これらのシンボルと儀式が発達のより低い段階にある魂の成長に役立つというなら、それは正しい。ところで、この魂の発達を何か知的なものを意味すると誤解してはならない。ある人は巨大な知性を持っているかもしれないが、霊的には赤ん坊、いやそれよりももっと悪いものであるかもしれない。この瞬間にあなたはそれを試すことができる。遍在する神を知的に信じるように教えられてきているとしても、遍在が意味するものについて何らかの観念を持つことのできる人があなた方のうちで果たして何人いるだろうか！　どんなに努力しても、あなた方はせいぜい、空や、広大な緑の大地や砂漠——あとの二者は見た経験があるとして——の観念に置き換える程度だろう。これらすべては物質のイメージだ。そして、あなた方が抽象を抽象として、理想を理想として想像することができない限り、あなた方は、これらの形式、これらの物質的イメージを通して把握しなければならないだろう、それが脳の内外のいずれにおいてであろうが、問題ではない。すべての人は生まれつき偶像崇拝者だ、そして偶像崇拝はけっこうなことだ。それは人間性の本質として備わっているものだから。それを超えることのできる人がいるだろうか。完全な人、神人だけだ。他の人は皆偶像崇拝者だ。あなた方の目の前にあるこの宇宙を、形式と形態を持つものとして見る限り、あなた方は皆偶像崇拝者だ。あなた方は脳の中に具体的なイメージを描くことはできない。あなた方が手にし得るのは、イメージの小さな断片にすぎない。しかし、それでは、あなた方はこの宇宙のイメージをどのように押し広げていくのか、さまざまな色彩と形式と形態とを備えた、この広大でシンボリカルな宇宙を？　あなた方が信仰しているこれは、巨大な偶像ではないのか？　自分はからだだと言う人は、生まれながらの偶像崇拝者である。あなた方は皆、霊魂である、形式も形態もない霊魂、無限の霊魂であって、物質ではない。したがって、自らをからだである、つまり物質であると考える人は、抽象的なものを把握できないし、物質において、また物質によってしか自分を自分であると考えることはできず、偶像崇拝者である。そうなれば、これらの人びとは、相手を偶像崇拝者！と呼びつけておいて、どうやってたがいに闘うことができようか。これはすなわち、自分の偶像はよくて、他の人の偶像はよくないと、皆が言っているようなものである！

したがって、われわれは、霊性の赤ん坊と思われるような愚かな考えから自からを解放しなければならないし、彼らにとって、宗教が単なる多くの下らぬ言葉の塊にすぎないような人びと、教義の体系にすぎないような人びと、単なるちっぽけな知的同意か不同意にすぎないような人びと、彼らの説教師が告げるある種の言葉を信じることにすぎないような人びと、彼らの先祖が信じていた何ものかにすぎないような人びと、彼らの民族と信仰の遺産だという理由でしがみついている、観念と迷信のある種の形態にすぎないような人びとの無駄口の上に自からを置かなければならない。われわれは、これらすべてを超越し、人類を、光に向かってゆっくり回転している、ひとつの巨大な有機体——神と呼ばれる不可思議な真理に向かってゆっくりと自からを展開しているすばらしい植物であると見なければならない。そして神に向かうその最初の回転、最初の運動は必ず物質——つまり儀式を通らなければならないという関係にある。これだけはどうしようもない。

これらすべての慣行的儀式の中心には、ひとつの突出した観念がある——つまり、神の御名の礼拝だ。古い形式のキリスト教を研究したことのある人びと、世界の他の宗教を研究したことのある人びとは、たぶん、それらすべての中に特殊な観念、つまり、神の御名の礼拝があることに気づいたに違いない。その名は非常に神聖であるとされる。ユダヤ人の間では神の御名は神聖にすぎるので、それは普通の人や普通の場合に口にすることはできないと考えられている、と書かれてある。神聖さは隔絶しており、すべてを超えて神聖である。すべての名の中でもっとも神聖であり、名そのものが「神」であると考えられている。これはまたその通りである。名と形を欠いた宇宙は何でありうるというのか？　言葉なしに考えることができるか？　言葉と思考とは分離できない。できると思うなら試してみよ。考えるときは必ず言語形式によっている。言語は内側の部分であり、思考は外側の部分である。それらはいつも一緒でなければならず、不可分である。一方が他方を伴う。思考が言葉を伴い、言葉が思考を伴う。かくして、全宇宙はいわば、外側のシンボルであり、その背後に偉大な神の御名があるのだ。それぞれの特定のからだは形式であり、その背後にあるのが名前である。友人を思うやいなや、最初にやってくるのが彼のからだの観念であり、それに伴って彼の名の観念が来る。これは人間という構造に備わったものである。つまり、心理学的に言うと、人間という心的‐物的構造体の中には、形という観念を伴わない名という観念、あるいは名という観念を伴わない形という観念、などというものはない。それらは不可分だ。それらは同じ波の内側と外側だ。だから、世界中で名前が称揚され礼拝されるのだ。意識的にまたは無意識的に、人は名のもつ栄光を発見したのである。

また、多くの異なる宗教の中に、神聖な人物が礼拝されてきているのが見られる。彼らはクリシュナを礼拝し、あるいはブッダを礼拝し、あるいはイエスを礼拝している、などなど。

それから聖者崇拝がある。全世界で何百人という聖者が礼拝されている。それがいけないはずはない。光の振動は至るところに存在する。フクロウは暗闇《くらやみ》の中で見ることができる。闇の中にも光があることを示している。しかし人は暗中に光を見ることはできない。人は、例えばランプの中に、太陽の中に、月の中に、光の振動が視神経に反応する程度の強度に達したとき初めてその振動をとらえることができる。神は遍在する。神はあらゆる存在の中に自らを現している。しかし、人間は、人間の中にしか神を見、認識することができない。神の光、神の現存、神の霊が人間の顔を通して神々しく輝くとき、そのときにのみ、人は神を理解するのだ。このように、人はつねに人間を通して神を礼拝してきたのであって、人間である限りそうする外はない。人はそのことに反対して泣き叫び、あがくかもしれない。しかし、神を悟ろうと試みるとき、人間は神を一人の人間としてしか考えることができないように造られていることを発見することになる。したがってわれわれは、ほとんどすべての宗教における神の礼拝に形またはシンボル、名、および神人という三つの主要な要素があるのを見いだすのである。すべての宗教はなんらかの形でこの三つを持っているが、それでもなお、それらの宗教はたがいに争おうとしているのを見いだすことになる。ある人は言う、「〈私の名〉が唯一の名だ。〈私の形〉が唯一の形だ。〈私の神人〉が世界の中で唯一の神人だ。あなた方のもっているものはただの作り話にすぎない」と。現在では、キリスト教の聖職者たちも、幾らか柔軟になったように見える。ただし、彼らが、古い諸宗教は、これから起きようとしていたことの予兆にすぎず、唯一正しい宗教はどれかといえば、当然、彼ら自身の宗教だという言い方をする限りにおいてである。神は昔、自らをテストした——これらさまざまの形を通じて自からの力をテストした、後に御自からをキリスト教の中に完全に顕現するのに成功するまでテストしたということなのである。これは少なくとも昔の態度から前進したという点で正しい一歩である！　五〇年前には、彼らはそんなことさえ言おうとしなかった。当時は彼ら自身の宗教以外はすべてを無視した。彼らの宗教がすべてだったのである。こういう考え方は、あらゆる宗教、あるいはあらゆる民族、または、なんらかの精神性を持つあらゆる人間の集団に制限されてはいない。人びとはつねに、なされるべき唯一の事柄は、彼ら自身がなすことであると考えている——そして、異なる宗教の研究がわれわれを助けるのはこの点である。われわれのものが、われわれのものだけが、とわれわれは叫びつづけてきたのだということと同じ思想が数百年も前に、他の思想の中に、時には、われわれ自身の思想より、より良い表現形態で存在していたことを、比較宗教学は教えてくれる。

これらは人間が通らなければならない信仰の外面的な形態である。だが、彼が本気であって、真理に到達したいと真剣に望むなら、これらよりもっと高い、形式が何ものでもないような地平にまで到達する。寺院や教会、書物や形式は、霊性の赤子をより高い段階に進むに足るだけ充分に強くするための、幼稚園にすぎない。彼が宗教を求めるなら、これらの最初のステップは欠かせない。神の渇仰、神の熱望に伴って、真の信仰、真のバクティがやってくる。誰がそれを持っているのだろうか？　それが問題だ。宗教は、教義でもなければ、信条（ドグマ）でもなく、知的な議論でもない。それは「ある」ことであり、「なる」ことだ。それは「実現＝悟達」だ。あらゆる人が神や魂や宇宙のあらゆる神秘について語るのをわれわれは聞くが、それらをひとつひとつ取り上げて彼らに尋ねてみたとしよう、「あなたは神を悟ったか？　自分の魂を見たか？」と。勇気をもって「はい」と言う人はどれほどいるだろうか。それなのに、彼らはいまだに喧嘩さえしあっているのだ！

かつてインドで、さまざまの宗派の代表者たちが集まって、論争を始めた。ある人は、唯一の神はシヴァだ、と言った。ほかの人は、唯一の神はヴィシュヌだ、と言った、などなど。議論には果てがなかった。そこをある賢者が通りかかった。彼は論争者たちに招かれて、問題に決着をつけるよう頼まれた。彼はそこに行って、まず、シヴァがもっとも偉大な神であると主張していた人に尋ねた、「あなたはシヴァを見たことがあるか？　あなたはシヴァをよく知っているか？　もしそうでないなら、どうしてシヴァがもっとも偉大な神であるとどうやって知ることができるのか？」と。次にヴィシュヌの礼拝者の方を向いて同じように尋ねた、「あなたはヴィシュヌを見たことがあるか？」と。彼らすべてにこの質問をしたところ、一人として神を知らないこと、だからこそあんなに激しく議論をしていたのだ、ということを知った。実際に知っていたなら、彼らは議論などしなかっただろう。瓶に水が入れられるとき音をだす。満杯だったら全然音がしないだろう。そのように、宗派間に議論や争いがあるという事実は、彼らが宗教について何も知らないことを示している。宗教は、彼らにとって、書物の中に書いてある、下らない言葉の魂にすぎない。皆大急ぎで大冊を書き、できるだけ大部の本にしようとしている。その材料は手に入れることができる全部の本から盗みながら、それらに負っていることを認めようとしない。次いで彼はその本を世の中に大々的に打ちだし、すでに山積している混乱の上に混乱を重ねるわけだ。

人間の大多数は無神論者だ。現代になって西欧世界で別種の無神論者、つまり唯物論者が出てきたことはうれしい限りだ。彼らは「まともな」無神論者だ。彼らは、宗教的な無神論者よりましだ。宗教的な無神論者は、不誠実で、宗教について「語り」、宗教をめぐって「争い」、しかも宗教をまったく「欲せず」、宗教を「実現＝悟達」しようと試みず、宗教をまったく「理解」しようともしない。「求めなさい。そうすれば、与えられる。探しなさい。そうすれば、見つかる。門をたたきなさい。そうすれば、開かれる」というキリストの言葉を思いだそう。これらの言葉は文字どおり真実であって、修辞でも、作り話でもない。これらは、われわれのこの世に現れたことのある神のもっとも偉大な息子の一人のハートの血のほとばしり、書物からではなく、神ご自身を感じ悟った人から、悟りの果実としてでた言葉だ。彼は神と語り、あなた方や私がこの建物を建物として見るより一〇〇倍も強烈に神とともに生きたのだ。

誰が神を欲するのか？　これが問題だ。世界中のこれらすべての人間の集団が、神を欲し、神を得られないでいるのだと思うのだろうか。そんなことはあり得ない。外部に対象の存在しない欲求とは何なのか？　人間は呼吸することを欲し、呼吸のための空気がある。人間は食うことを欲し、食うための食物がある。これらの欲望をつくり出すのは何か？　外部に存在する対象だ。目をつくり出したのは光だった。耳をつくり出したのは音だった。このように、人間にあるあらゆる欲望は、前もって外部に存在した何かからつくり出されたのだ。そして、完成への欲望、目標達成への欲望、自然を超えんとする欲望――何かがそれをつくりだすまでに、それが人間の魂にねじ込まれるまでに、そこに存在させられるまでに、どうしてそれが存在し得ようか？　したがって、この欲望に目覚めた人が目標に到達する。しかし誰がそのように望むのか？　われわれは神以外のあらゆるものを望む。あなた方が周囲に見るのは宗教ではない。私の奥さんは客間に世界中のたくさんの家具を持っている。しかし、今は日本のものを持つのが流行だ。だから彼女はつぼを買って部屋に置く。大多数の人びとにとって宗教はそんなものだ。彼らは楽しみのためにあらゆる種類のものを持っている。そしてちょっとばかりは宗教の匂いがしなければだめなので、それに社会が批判するだろうから、彼らは何かの宗教を持たなければならない。これが世界における宗教の現状だ。

ある弟子が師のところに行って言った、「師よ、私は宗教がほしいのです」と。師は若者を見たが何も言わず、ただほほえんだ。若者は毎日やってきて、宗教がほしいと主張した。しかし老人は若者以上に知っていた。ある日、非常に暑い日、彼は若者に、いっしょに川に行って、飛びこまないかと言った。若者は飛びこみ、老人もあとに続き、若者を力ずくで水の中に押さえこんだ。若者をしばらく水中でもがかせたあとで老人は手を離し、そして尋ねた、「水中で一番欲しかったのは何か？」「一呼吸です」と弟子は答えた。「お前はそのように神を欲しているのかね？　もしそうなら、お前は一瞬のうちに神を得るだろう」。あなたがこの「渇き」、この欲望を持つまでは宗教を得ることはできない。たとえあなたがその知性で、書物で、あるいは形式でどれほど努力しようとも。この渇きがあなたの中に目覚めるまであなたは無神論者以上のものではない。無神論者は誠実だが、あなたはそうではないだけのことだ。

ある偉大な賢者が次のようなことをよく言っていた。「部屋の中に泥棒がいて、なぜか知らぬが、隣室にばくだいな黄金があることを知るに至った。二つの部屋の間には薄い仕切りしかなかったとする。この泥棒はどのような状態になっただろうか？ 彼は眠れないだろう。食べたり、何かのことをすることができないだろう。彼の心は全部その黄金を手に入れることに集中する。どのように壁に穴をあけ、その富を手中にするかが、彼のすべての思いとなるだろう。幸福と至福と栄光の金山（源泉）である神ご自身が実在しているとこれらのすべての人びとが本当に信じるなら、彼らはそれ以上神を求めようとすることなく日常性を生きていくだろう、というのがあなたの言い分なのか？」と。神はいると「信じ」始めるやいなや、人は彼を得たいと熱望して狂ったようになる。他の人びとは彼らの道を行ってもかまわない。しかし人は、ここで送っているよりはるかに高い生活があることを確信するやいなや、また、感覚だけが全部でなく、この限定された物質的肉体は自己の永遠かつ不死の至福と比べると何ものでもないことを確信するやいなや、彼は自分でこの至福を見いだすまで夢中になる。そしてこの熱狂、この渇き、この狂気が宗教への「覚醒」と呼ばれるものである。そして、これがやって来ると、人は宗教的になりはじめたのだ。しかしそれには長い時間が必要だ。これらすべての形式と儀式、これらの祈りと巡礼、これらの書物、鐸鈴《たくれい》、ロウソク、それに説教師は、準備段階だ。それらは魂から不純物を除いてくれる。そして魂が純粋になったとき、魂は当然のごとく自らの源泉――あらゆる清純の金山、つまり神そのものに到達することを欲する。何世紀も塵《ちり》で覆われていた鉄の一片が磁石の近くにつねに置かれていたにもかかわらずそれに引きつけられなかったのに、塵が洗い流されるやいなや磁石に引きつけられる。同じように、長年の塵――不純、邪悪、および罪――で覆われていた人の魂が、幾たびの転生ののち、これらの形と儀式とによって、他者への善行によって、他の存在を愛することによって、十分に清められ、本来の霊的魅力が出現し、目覚め、神に至ろうとして努力する。

しかし、これらすべての形式とシンボルとは単なる始まりにすぎない。真の神の愛ではない。至るところで愛が語られるのを耳にする。誰もが神を愛しなさいと言う。愛するとは何であるかを人びとは知らない。知っていたなら、そんなに浮ついて愛について語りはしないだろう。すべての男性は、自分は愛することができると言う。そして五分後には、彼の本性には愛がないことを知る。どの女性も自分は愛することができると言うが、三分後には彼女にはできないことを知る。世界中が愛の話でもちきりだが、愛することは難しい。愛はどこにあるのか？

愛があるということをあなたはどうやって知るのか？　愛の最初のテストは、愛は「取り引きしない」ということを知っているということだ。ある人が、何かを得るために人を愛するのを見たら、それは愛ではないことをあなたは知ることになろう。それは商売人の愛だ。いくらかでも売買の問題があるところではそれはもう愛ではない。したがって、誰かが、「これを下さい、あれを下さい」と祈るとき、それは愛ではない。どうして愛でありえよう？　私があなたに祈りを提供して、あなたがお返しに何かを私にくれるのと同じだ。それは取り引きにすぎない。

ある偉い王様が森で狩をしようとした。森で彼はたまたま一人の賢者に出会った。彼はこの賢者とちょっと話を交わし、彼が気に入ったので、王は贈り物を受けてもらえないかと彼に頼んだ。「いいえ」と、賢者は言った。「私はこの状態で十分満足しています。これらの木は食べるに十分な果実を与えてくれます。この美しく清らかな流れは、必要な水をぜんぶ供給してくれます。私はここの洞窟で寝ます。あなたが偉大な王であってもあなたの贈り物に気を使いたくはありません」。王様は言った、「ほんの少し私を清めるために、私を喜ばすために、どうか、贈り物を受けて下さい。そして私といっしょに町にきて下さい」。とうとう賢者は王様と同行することに同意した。彼は王宮に連れて行かれた。そこには黄金、宝石、大理石やその他の非常にすばらしいものがあった。あらゆるところに富と権力が目についた。

王様は賢者に、祈りを唱える間少し待ってほしいと言った。彼は片隅に行って祈り始めた、「主よ、私にもっと富を、もっと子供を、もっと領地を、与えて下さい」と。その間に賢者は立ち上がって去ろうとした。王様は彼が立ち去るのを見てあとを追った。「お待ち下さい。まだ贈り物を上げていないのに帰るのですか?」賢者は彼の方に振り返って言った、「乞食め、私は乞食からは施しを乞おうとは思わない。あなたは何を与えることができるというのか? あなたはしじゅう施しを乞おうとしていたではないか」。これは愛の言葉ではない。これを下さい、あれを下さいと神に求めるなら、愛と取り引きとの間にどんな違いがあるというのか? 愛の最初のテストは、愛は取り引きを知らないということだ。愛はつねに与えるのだ。愛はつねに与える側であって、受ける側ではない。神の子は言っている、「神がお望みなら、私は彼に私のすべてを差しあげます。しかし私は神から何ももらいたくありません。この宇宙にある何ものも私は欲しくはありません。私は神を愛しています。なぜなら私は彼を愛したいからです。お返しに恩寵を求めません。神が全能であるかないか、私は気にしていません。私は彼にどんな力も、彼の力の何かの現れも、求めません。彼が愛の神であることだけで十分なのです。私はもうそれ以上の質問も求めません」

第二のテストは、愛は恐れを知らないということだ。どうやって愛の中に恐れが入り込めようか？　子ヒツジがライオンを愛せるだろうか？　ネズミがネコを愛せるだろうか？　奴隷が主人を愛せるだろうか？　奴隷はときには愛するふりをするが、それは愛だろうか？　恐怖のどこにあなたは愛を見たことがあるというのか。それはつねにまやかしにすぎない。神を、片手に飴を、もう片方に笞を持って、雲の上方に坐っていると考えているかぎり、そこには愛などありうるはずがない。愛とともに恐怖の観念や、私たちを恐れさせるような何かの観念があることは決してない。街路に若い母親がいて、犬が彼女に吠えかけていると想像してみたまえ。彼女は隣家に逃げ込むだろう。翌日彼女が子供をつれて街路にいて、ライオンが子供にとびかかったとする。彼女はどこにいただろうか？　子供をまもって、ライオンの口の中だ。愛はあらゆる恐れに打ちかつ。そのように、神に対する愛も同じだ。神が、報酬を与える者だろうと罰する者だろうとかまいはしない。愛する者はそんなことは考えない。裁判官が家に帰ったとき、彼の妻は彼の中に何を見るだろうか？　裁判官ではない、報酬を与える者ではない、罰する者ではない、夫だ、愛する者だ。子供は彼の中に何を見るだろうか？　愛する父親だ、罰する者でも、報酬を与える者でもない。だから、神の子たちは神の中に賞罰を与える者を見ることは決してない。神の愛を味わったことのない人、神を恐れる人、終生、神の前でびくびく震えている人は、すべて部外者だ。恐怖を全部投げ捨てよ——罰する者、報酬を与える者と見る神の観念は嫌悪すべきものだ、野蛮な心には利用価値があるかもしれないが。非常に知的であっても、中には霊的野蛮人もいる。先ほどの観念は彼らには役に立つかもしれない。しかし、霊的な人、宗教に近づいている人、霊的直感に識見が目覚めている人には、そんな観念は子供っぽい。単に馬鹿げているだけだ。そのような人びとはあらゆる恐怖の観念を拒否する。

第三の、さらに高度のテストがある。愛はつねに「最高の理想」だ。最初の二つの段階を通過してから——あらゆる取り引きを投げだし、あらゆる恐れを放棄してから——その彼は、愛がつねに最高の理想であることを悟り始める。この世で、美しい女が醜い男を愛するのを私たちは何度も見ている。ハンサムな男が醜い女を愛するのを何度見たことか！　そこにある魅力は何なのか？　部外者は、醜い男、醜い女を見るだけだが、愛する人を見ていない。愛する人にとって、愛される人は、もっとも美しい存在なのだ。どのようにそうであるのか。醜い男を愛する女は、言わば、彼女の心の中にある美の理想を持っていて、それをこの醜い男に投影するのだ。彼女が礼拝し愛しているのはこの醜い男ではなく、彼女自身の理想なのだ。この男は、言わば、影の暗示にすぎず、その暗示の上に彼女は彼女自身の理想を投じ、それにおおいをかけ、そしてそれが彼女の礼拝の対象となる。これは愛のあるところすべてのケースに当てはまる。われわれの多くはありふれた顔つきの兄弟や姉妹を持っているが、兄弟姉妹であるという観念そのものがわれわれにとって彼らを美しくするのだ。

背景にある哲学は、一人一人が自分自身の理想を投影し、それを礼拝するということだ。この外部世界は暗示の世界にすぎない。私たちが見るすべては、われわれが自分の心から投影するものだ。一粒の砂がカキ殻の中に入る。それがカキを刺激する。その刺激がカキの中で分泌作用を促し、分泌物がただちに砂の粒を覆い、その結果が美しい真珠だ。これが私たち皆がしていることだ。同様に、外部にあるものが私たちに暗示を与え、それに私たちは自身の理想を投影し、自分の対象にしている。邪悪な人はこの世に完全な地獄を見、善人は天国を見る。愛する人はこの世を愛に満ちたものと見、憎む人は嫌悪に満ちたものと見る。戦う人は世界に戦い以外のものを見ず、平和を愛する人は平和しか見ない。完全な人は神しか見ない。このように、私たちはつねに自分の最高の理想を礼拝し、そして私たちが理想を理想「として」愛する点に達したとき、すべての議論と疑問は永久に消える。神の存在を論証できようができまいがかまいはしない。理想はけっして逃げることはしない。それは私たちの本性の一部だからだ。私は自分の存在を疑問とするときにのみ、その理想を疑問とする。そして、私がひとつのものを疑問にできない限り、他のものも疑問にできない。私の外で、どこかに存在していて、気まぐれに宇宙を管理し、数日間で創造し、残りの日々は眠ろうとしている神を、科学が私に論証できようができまいがかまったことではない。神が全能にして慈悲そのものであろうがなかろうが、誰が気にするというのか? 神が人類に報酬を与えるものであるかどうか、暴君の目で私たちを見ているかどうか、あるいは情け深い君主の目で見ているかどうか、誰が気にするというのか? 愛する人はこれらすべてを超越してしまっている——報酬と罰を、恐怖と疑問を、科学や他の論証を。彼にとっては愛の理想だけで十分なのだ。そして、この宇宙はこの愛の現れにすぎないということは自明ではないのだろうか? 原子を他の原子に結合し、分子を分子に、大きな惑星を別の惑星に向かって飛ばし、男を女に、女を男に惹きつけ、人間を人間に惹きつけ、動物を動物に、全宇宙を言わばひとつの中心に向かって惹きつけるものはいったい何か? それが「愛」と呼ばれるものなのだ。それは最低の原子から最高の存在者にまで明らかに顕現している——この愛は、遍在し、あらゆるものに浸透し、至るところに存在している。有情《うじょう》と無情の中に、個別と普遍の中に、牽引力として自からを現しているもの、それが神の愛だ。宇宙にあるものはひとつの動力因である。その愛の「はずみ」のもとで、キリストは人類のために、ブッダはそれに動物を含めて、母親は子供のために、夫は妻のために、自からの命を犠牲に供している。この同じ愛の「はずみ」のもとに、人びとは国に殉じようとし、そして、奇妙に思えるかもしれないが、同じ愛の「はずみ」のもとに、泥棒は盗みに行き、殺人者は殺しに行く。これらの場合でも、現れ方は異なるが精神は同じだ。これが宇宙の唯一の動力因だ。泥棒は黄金への愛を持っている。そこには愛があるが、方向が間違っている。そのように、すべての道徳的な行為にも、すべての犯罪にも、かの永遠の愛がそれらすべての背後にあるのだ。ある人がニューヨークの貧者のために一〇〇〇ドルの小切手を書き、同じときに同じ部屋で他の人は友人の名前を騙《かた》っている。二人が書くのに頼っている光は同じものだ。しかし、彼らが利用するものについてはおのおのに責任がある。非難ないし賞讃されるものは光ではない。従属せずして、しかもすべての中で輝いているのは、愛だ、宇宙の動力因だ。それがなければ宇宙は一瞬のうちにこなごなに崩壊する。そしてこの愛が神なのだ。

「おお、愛する者よ、誰も夫の利益のために夫を愛しているのではない。それは、夫の中にある自己〔1〕のために夫を愛しているのである。おお、愛する者よ、誰も妻の利益のために妻を愛しているのではない。それは、妻の中にある自己のためである。自己を除いて、他の何かを愛するものは誰もいない〔2〕」あまりにも非難され過ぎているこの利己愛でさえ、同じ愛の現れにすぎない。冗談は別にして、それを間違えてはいけない。それにしても、幕から次の幕へと演じられるこのすばらしいパノラマ、この壮大なドラマを見よ、このすばら

しい ハーモニーを聴け。すべては同じ愛の顕現なのだ。自己愛の中でさえ、自己は増殖し、成長に成長を重ねる。このひとつの自己、この人間は、結婚すると二つの自己になる。しばらくすると子供が生まれ、ひとつの村になり、ひとつの市になり、さらに成長を重ね全世界を自己として、全宇宙を彼の自己として感じるようになる。その自己は長い時間をかけて、すべての男、すべての女、すべての子供、すべての動物、全宇宙を寄せ集める。その自己は一かたまりの普遍的な愛、無限の愛へと成長し、その愛が神である。

そうして形式とシンボルが剥落《はくらく》したとき、われわれは至高の「バクティ」、至高の信愛と呼ばれるものに到達する。そこまで到達した人はいかなる宗派にも入ることはできない。彼の中にはすべての宗派があるからだ。いかなる宗派に彼は入ると言うのか？ このような人間はいかなる寺院や教会にも入ることはできない。彼の中にはすべての教会や寺院があるからだ。彼が入ることのできるほど大きな教会がどこにあろう。このような人は、ある何かの制限された形式に自分を縛りつけておくことはできない。彼がひとつになった「無限の愛」には制限がないのだ。この愛の理想を取り入れているすべての宗教の中にそれを表現しようとして努力しているのを私たちは見る。心の中で私たちはこの愛が意味するところを理解している。しかも、この愛情と魅力の世界の中にある、すべてのものが、部分的であろうが何であろうが、その無限の愛の現れにすぎないと見るのだが、それを私たちはいつも言葉で述べることができるとは限らない。しかし、さまざまの民族の賢者や聖者たちはそれを表現しようとしてさまざまな試みを行ってきた。彼らは言語の力をくまなく探し求め、それの持つ最低の意義なりとも救い上げようとして、もっとも現世的な性的な表現をも神聖なものに変容させようとしているのを見いだすのである。

かくしてユダヤの王宮の聖人は歌い［3］、インドの人もこのように歌った。「おお、愛する者よ、あなたの唇の口づけを！ あなたの口づけによって、あなたへの渇きがいやされます。あらゆる悲しみは止み、人は過去と現在と未来を忘れ、あなたのみを思う［4］」これが、すべての欲望が消え去ったときの愛する者の狂気だ。「誰が救いを気にしようか？ 誰が救われることを気にしようか？ 誰が完全であることさえ気にしようか？ 誰が自由を気にしようか？」と愛する者は言う。

「私は富、いや、健康も欲っしない。私は美を欲っせず、知性を欲っしない。この世のすべての悪の中に、いくたびも私を生まれさせてほしい。私は不満は言わない、あなたを愛させて下さい、愛のために［5］」これが、これらの歌に表現されている愛の狂気だ。人間のもっとも高貴で、もっとも豊かに訴え、もっとも強く、もっとも魅惑的な愛は男女間の愛だ。したがって、もっとも深い信愛を表現するときにかの言葉がもちいられる。この人間の愛の狂気は、神を求める聖者の愛の狂気のもっともかすかな木霊《こだま》だ。神をほんとうに愛する人は、狂気になることを望み、神の愛に酔って、「神に酔った人」になるために、狂気になることを望む。彼らは、あらゆる宗教の聖者や賢者が醸《かもしだ》した愛のいっぱいを飲むことを欲する。彼らはその中にハートの血を注ぎ、報酬を求めずに神を愛した者のすべての希望はその中で濃縮され、彼らは愛のためだけに愛を欲したのだ。愛の報酬は愛だ。それは何たる報酬か！あらゆる悲しみを取り去る唯一のもの、飲めばこの世の病が消え去る一杯だ。人は神聖な狂人となり、自分が人であることを忘れてしまう。

最後にわれわれは、究極的にはこれらすべてのさまざまに異なる体系はかの一点に、かの完全な合一に集約されていくのを見る。われわれはいつも二元論者として出発する。神は分離した存在であり、私は分離した存在だ。その間に愛が介在して、人は神に近づき始め、神は言わば人に近づき始める。

人は、父親、母親、友人、または愛人として、人生のさまざまな関係を引き受ける。彼は、これらすべてとして存在し、彼が礼拝の対象とひとつになったとき、最後の点がやってくる。「私はあなたです、あなたは私です。あなたを礼拝しながら私は自身を礼拝します。そして私自身の礼拝の中であなたを礼拝いたします」そこに、人が携《たずさ》えながら始めたものの最高の到達点を私たちは見いだす。最初は、それは自我に対する愛であったが、小さな自我の要求は愛を利己的にした。最後は、かの自我が無限になったとき、一面に輝く光の炎がやってきた。始めた場所で、私たちは終わる。最初はどこかにましましたあの神は、いわば無限の愛に溶け込んだ。人自身もまた変容した。彼は神に近づこうとし、彼は、すべてのむなしい欲望を投げ捨てていた、以前にはその中に首まで浸かっていたのだが。欲望とともに利己性は消え、頂上で彼はかの愛を見いだした。愛する者と愛される者とはひとつである、と。

［1］世界の動力因及び質料因である永遠な自己（アートマン）。
［2］「ブリハッドアーラニヤカ・ウパニシャド」二・四・五。
［3］「旧約聖書」「雅歌」（ソロモンの歌）。
［4］「バーガヴァタム」一〇・三一・一四。
［5］シュリー・クリシュナ・チャイタニヤ作。

最高の愛

スワーミー・ヴィヴェーカーナンダ

Religion of Love
Swami Vivekananda

2013 年 11 月 30 日 初版第 1 刷発行

2025 年 02 月 28 日 初版第 2 刷発行

発行者　日本ヴェーダーンタ協会会長

発行所　日本ヴェーダーンタ協会

249-0001 神奈川県逗子市久木 4-18-1
電 話　046-873-0428
E-mail　info@vedanta.jp
Website　vedanta.jp

印刷所　モリモト印刷株式会社

万が一、落丁・乱丁の場合は送料当方負担でお取替えいたします。
定価はカバーに表示してあります。

ISBN978-4-931148-55-0
Printed in Japan

スワーミー・ヴィヴェーカーナンダの刊行物
（協会出版物より）

スワーミー・ヴィヴェーカーナンダによる書籍

- カルマ・ヨーガ
- バクティ・ヨーガ
- ギャーナ・ヨーガ
- ラージャ・ヨーガ
- わが師
- シカゴ講話集

スワーミー・ヴィヴェーカーナンダに関連する書籍

- スワーミー・ヴィヴェーカーナンダの生涯
  価格 1900 円（A5 判、368 頁）
  （スワーミー・ニキラーナンダによって書かれた詳細に書物）
- 立ちあがれ、目覚めよ
  （スワーミージーのメッセージを文庫サイズにまとめた書物）
- 調和の預言者
  （スワーミー・テジャサーナンダ著、スワーミージーの比較的短く書かれた生涯と教えの記述をあわせた書物）
- スワーミー・ヴィヴェーカーナンダと日本
  （スワーミー・メーダサーナンダ著、バイリンガル本）
- 真実の愛と勇気
  （直弟子たちの生涯が書かれた書物。スワーミージーの生涯も一部掲載）
- インド賢者物語（絵本）

オンラインショップ　www.vedantajp.com/ ショップ /

ショップ Home

ショップ和書

ショップ CD

ショップ DVD

アマゾン電子書籍 amazon.co.jp

Amazon Kindle 版
和書

Amazon Kindle 版
雑誌

Amazon Kindle 版
雑誌合本

日本ヴェーダーンタ協会会員

協会会員（会費）

＊変更の可能性もあります。各サイトでご確認ください。

■ 準会員＝雑誌講読を主とする会員（年間５０００円、3年間１３０００円、5年間２１０００円）正会員＝協会の維持を助けてくれる会員（年間１５０００円以上）。

■ 正・準会員には年６回、奇数月発行の会誌「不滅の言葉」と、催し物のご案内をお送り致します。また協会の物品購入に関して準会員は１５%引き、正会員２５%引きとなります。（協会直販のみ）（会員の会費には税はつきません）vedantajp.com/ 会員 / からも申込できます。